사자 등에 사는 벼룩

현 대 수 필 가 1 0 0 인 선 · 22

사자 등에 사는 벼룩

구양근 수필선

좋은수필사

■ 책머리에

수필은 누구나 부담 없이 읽고, 마음만 먹으면 직접 쓸 수도 있는 가장 친근한 문학이다. 다른 영역의 문학이 영상매체에 밀려 신음하고 있는 중에도 수필 인구만은 날로 증가하여 바야흐로 수필 전성시대를 구가하고 있는 이유도 거기에 있을 것이다.

시대적 추세에 힘입어 수많은 수필전문지, 수필동인지가 창간되고, 이에 비례하여 신진 수필가도 날로 늘어나다 보니 이제는 그 많은 작가, 그 많은 작품 중에서 문학성 높은 작품을 가려 읽는 일이 쉽지 않게 되었다. 이런 현상은 작가에게나 독자에게나 결코 바람직한 일이 아니다. 더 나아가서는 수필을 연구하는 후세들에게도 큰 부담이 될 것이다.

이런 문제를 해결하는 데는 출판인도 마땅히 한몫을 감당해야 한다는 평소의 소신에 따라, 본사가 기꺼이 그 역할을 맡기로 했다. 그 첫 번째 사업으로 시대를 대표할 만한 수필가 100인을 선정하고, 작가가 자선한 40편 내외의 작품을 수록한 문고본을 발간하여 이를 널리 보급함으로써 그 소임을 다하고자 한다.

본사는 사명감을 가지고 이 사업을 추진해 나가기로 했다. 작가 선정을 전담할 편집위원회를 구성하고 전권을 위임하여 일체의 사적인 정실이나 청탁을 배제함으로써 전문성과 공

정성을 확보해 나갈 것이다.

따라서 이 기획물 속에는 작가의 문학정신뿐만 아니라, 본사의 문학사적 기여 의지와 편집위원 제위의 수필문학에 대한 애정과 문인으로서의 양심이 함께 담겨 있음을 자부한다. 다만, 작가를 선정하는 기준에는 많은 견해의 차이가 있을 수 있고, 선정 과정에서도 미처 챙기지 못한 부분이 있을 것이라는 사실만은 인정하지 않을 수 없다. 이 점에 대해서는 관계자 여러분의 양해 있으시기 바란다.

이 시리즈의 발간 순서는 작가, 또는 본사의 사정에 의한 것일 뿐 그 밖의 어떤 기준도 적용하지 않았음을 밝힌다.

본 기획물이 시대를 초월한 많은 수필 애호가들의 관심과 애정 속에 우리나라 수필문학 발전에 한 이정표가 되기를 바랄 뿐이다.

2008년 5월

좋은수필 발행인 서 정 환

현대수필가 100인선 간행 편집위원 박 재 식 최 병 호

정 진 권 강 호 형

변 해 명

1_부

2_부

3_부

4_부

1부

선물 받은 증정본

오늘 귀한 선물을 받았다. 후배 박 군에게서 자기 저서를 기증 받은 것이다. 여자의 몸으로, 그나마 자기 전공도 아닌 ≪백제사百濟史≫를 쓰겠다는 엉뚱한 제의를 들었을 때 나는 물론 반대였다. 그러나 박 군의 결의는 대단했다. 작고 깡마른 체구에 눈에서는 섬광閃光까지 스쳐감을 보았다. 삼국 중에서 가장 강한 나라를 가장 약한 나라로, 왜倭는 말할 것도 없으며 대륙의 요서遼西, 양자강까지 세력을 펴고 있던 대국을 삼국 중에서도 가장 보잘것없는 서남단의 작은 지역으로 기술한 역사를 보고 어찌 그대로 있을 수 있겠느냐는 것이었다.

책이 출판되었다고 집 앞 다방까지 와서 전해 준 증정본을 건네받으면서 내 손은 약간 떨리고 있었다. 그것은 이전에 내가 역사에 빠져서 십년 세월을 전공하다가 다시 현재의 전공으로 돌아오던 지난 일이 되살아나려고 하여서 이며, 나의 '사회울분증'이 다시 발작하려 하기 때문이었다. 나는 그 때 더 이상 역사를 전공하다가는 제 명命대로 살 것 같지 않은 단계에서 손을 놓은 것이다. 문사철文史哲을 겸하고자 함이 내 학문의 목표이지만 거세게 굽이쳐 흐르는 물, 사학은 우선 잠복시켜 두고, 넓고 잔잔한 호수, 문학을 앞세우며 더 스케일 크게 포용해 보기로 마음먹었었다.

서문에는 내 이름도 들어 있었다. 격려를 해주어 감사하다는 내용이었지만 나는 격려를 해 준 적이 없다. 그런 짓 하지 말고 어서 기한 내에 학위논문이나 완성하라고 줄곧 반대만 해왔고, 역사는 함부로 손을 대지 않는 것이 좋다고까지 했다. 그런데 그것이 오히려 격려가 되었다는 것이다. 집에 돌아와서 서론과 결론을 단숨에 읽었다. 물론 아마추어 사가史家의 풋내가 물씬 풍긴다. 그러나 "참으로 장하다." 하는 탄사가 나도 모르게 터져 나왔다. 이 세상에 과연 정열과 사랑을 쏟지 않고도 이룩 될 수 있는 사업이 있을 수 있을까? 그는 이 책에다 그것을 쏟은 것이다. 그것으로 만족하다.

내가 백제사 대목에서 기술하고 싶은 곳이 있다면 화랑花郎과 우리 민족과의 악연惡緣에 관해서다. 신라의 화랑이 삼국을 통일한 것은 우리 민족의 대액운大厄運이었다. 고구려가 통일을 했다면 어찌 되었을까? 먼저 광활한 민주 벌판이 모두 우리 땅이 되는 것은 분명하다. 고구려나 백제 같은 나라가 통일을 했다면 그 거대한 세력 앞에 중국도 별 보잘 것 없는 나라였을 것이다. 왜倭도 지금처럼 크지는 못했을 것임은 물론이고 러시아도 전혀 성장할 수 없는 여건이었으려니와, 그 때 미국 같은 나라는 지도상에도 없었으니 아예 이야깃거리도 못된다. 그렇다면 현재의 세계를, 미국이나 소련이 리더십을 쥐고 있는 것보다 훨씬 강한 파워로 우리 민족이 리더십을 쥐고 있지 않을까 상상해 본다.

그 때 신라는 계림의 한 부족국가에 지나지 않았다. 어차피 고구려나 백제의 어느 세력에 의하여 망하든지 합쳐졌어야 했다. 국가를 위하여 꼭 그 때 그래 줬어야 했는데도 그들은 죽기를 거부하였다. 그리고 드디어 김춘추·김유신 등 화랑의 패거리들은 세계에서 가장 강한 당唐나라로 잠입하여 아양을 떨었다. 안에서 내응內應할 테니 내 민족을 침략해 달라고 간청한 것이다. 그렇게만 해준다면 무슨 짓이라도 다 하겠노라고 갖은 비굴한 짓을 다 했다. 아니나 다를까 백제가 망하고 고구려가 망하자 부도덕한 신라 정부는 그 광활한 우리 땅을 모조리 다 당에게 내주고 한강 이남만 차지하였다. 그나마도 설인귀薛仁貴의 계림 도독부라는 당 군정唐軍政 기간을 거쳐서야 겨우 자치권을 얻었다. 잠깐 사이에 우리나라는 조그만 반도국가로 전락하고 만 것이다.

이 전무후무한 치욕의 역사를 우리 민족은 아무도 잊을 수 없고 또 잊어서도 안된다. 여기서부터 뿌리를 내리기 시작한

사대주의 사상은 생기발랄하던 우리 민족을 지금까지 좀먹고 있다. 우리 실학파들의 저서나 조선왕조실록을 읽으며 '화랑' 이라는 말이 자주 나오는데 놀랐다.

"화랑들을 조심하라."

"화랑 짓을 못하게 하라."

등의 말이었다. 알고 보니 이 화랑이란 말은 '무당', '잡패' '화낭질' 등의 의미로 쓰이고 있었다. 우리 선조들이 얼마나 뼈에 사무치게 화랑을 미워했는지를 말해 주고 있었다.

이 화랑이, 해방을 즈음하여 정반대의 의미로 해석되기에 이른다. 이때부터 이남以南 군대는 화랑의 뒤를 이어가자고 했다. 어느 사관학교는 '화랑대' 라고 하고, 군인 담배 이름도 '화랑'이라고까지 하는 어처구니없는 일이 벌어진다.

나는 사관史觀과 사상思想이 없는 사람과 얘기하다가는 곧잘 파국의 경지에까지 이르른다. 그러기 전에 내가 자제하고 이야기를 회피하지 않으면 안 된다. 나는 그렇게 해서 친한 친구를 몇 명 잃었다. 그러나 그들이 그른 사람을 보고도 분개할 줄 모르고 부도덕한 행위를 긍정적 및 타협적으로 볼려는 시각을 가진 바에야 이 뒤로도 미련 없이 그들과는 손을 끊으리라.

오늘 박 군에게서 책의 증정본을 받고, 나의 단행본(갑오농민전쟁)은 언제나 햇빛을 볼까하고 생각해 본다. 십년 이상 먼지가 쓸고 있는 원고더미를 어느 날 다시 용기를 내어 선반에서 내려서 털털 먼지를 털며 손질을 시작할 날이 있을까.

(1988. 10)

낙오병

벌써 오래 된 이야기이다.

국민학교 이,삼학년 때쯤 되던 해에 내가 자라던 시골 뒷산에서 만난 빨치산 낙오병. 그가 누구인지, 지금도 그의 얼굴을 생생히 떠올리며 혼자 생각하는 시간을 갖게 한다. 아마 내 생애를 두고 잊지 못할 그 병사는 지금 살아 있다면 환갑은 됐을 것이다.

그 때가 6·25동란이 일어나고 일, 이년 뒤인 것같다. 내가 자라던 시골은 워낙이 산골이라서 동란이 일어나자 고개 넘어 들판이 있는 마을로 소개疏開를 나갔다가 한 일년 남짓 세월을 보내고 다시 고향 마을로 돌아와 살고 있었다. 격렬했던 싸움질은 이제 한풀 꺽인 듯했고 나름대로 약간의 평온을 되찾은 때였다. 물론 학교도 불타고 없었기 때문에 공부도 못하고 매일같이 낮에는 뛰어 놀고, 밤에는 밤손님(빨치산)이 마을에 양식을 구하러 내려오기 때문에 땅거미가 들 무렵부터 문밖 출입은 일체 하지 않았다.

밤손님이 내려온 시간은 저녁 식사가 끝나고 한 두어 시간 뒤였다. 그들이 올 때면 언제나 먼저 마을 가까이서 따쿵 총을 한 발 쏜다. 그들의 단발 총소리가 '따쿵!' 하고 메아리치기 때문에 우리는 따쿵 총이라고 했고 '펑!' 하고 나는 것은 군인 총소리였다. 빨치산들은 다른 총들도 있었겠지만 보급을 조달하러 올 때는 따쿵 총만으로 자기들의 정체와 목적을 밝히는 신호로 삼았다.

저녁 식사가 끝나고 약간 배가 꺼질만한 시간이 되면 고요한 밤공기를 찢으며 울리는 따쿵 총 소리는 이산 저산을 메아리치며 다가올 다음 장면을 예시한다. 한참 후에 따쿵 총 소리는 더 가까이서 또 한 번 울린다. 세 번 울리면 마을까지 다 왔다는 표시이다. 마을을 지키고 있던 너댓 명 전경들은 뒷산으로 뛰어 오르기 시작한다. 한참 후에는 마을의 개들이 일제히 짖어댄다. 그리고는 일단 무서운 적막이 흐른다. 이윽고 우리 집 개가 요란하게 짖어댄다. 마당에서 몇 사람의 발자국 소리가 나며 개는 짖는 볼륨을 낮추고 슬그머니 길을 비켜주는 듯 하다. 다음 장면은 조용한 노크 소리와 함께 "밤손님입니다!"이다. 그들은 마을로 들어와 반 합의하에 식량을 구해서 돌아갔고, 그 때까지 뒷산의 경찰들은 욕도 하고 공포를 쏘아대며 역시 자기들의 위치를 일부러 알려주고 있는 듯 했다. 다음 날 아침에는 누구 하나 다친 사람도 없었다. 그 정해진 역정歷程은 하나의 무언의 약속인 듯 했고, 당시 부락사회의 리듬을 이루고 있었다. 서로가 아무도 그 리듬을 깨려 들지 않았다.

낮에 우리가 하는 놀이란 것은 '제기 차기', '흙싸움', '고상받기'(졌다고 '고상!' 할 때까지 눌러대기. 이제 알고 보니 일본말로 '항복'을 '고상'이라 했음) '진도리'(역시 일본말로 '진지 뺏기'임) 등이였다. 매일같이 그렇게 소일消日하는 것이 일과였는데, 그 중에서도 신바람 나는 하루가 있다. 그것은 닷새만에 한번 씩 돌아오는 장날에 어른들을 따라서 장에 가는 일이었다. 산 넘어 능주綾州 장터에는 수많은 사람들이 모였고 옹기 전廛, 신 전, 비단 전에는 물건들이 수부룩이 진열되었다. 소牛 전에는 수십 마리의 암소며 부사리들이 큰 눈을 부릅뜨고 나를 노려보았고, 거간장이들은 그 사이를 종횡무진 뚫고 다니며 소의 입을 벌려보기도 하고 돈을 한 아름씩 쥐고 침을 퇴퇴! 뱉어가며 팔랑개비 놀리듯 세어 넘기기도 하였다.

그 날은 늦게까지 장 구경을 하고 아마 우리 마을에서 가장 늦게 돌아가는 팀이 된 것같다. 어머니와 집안 아저씨 그리고 나, 세 사람이 십리길(실제는 이십 리는 됨) 재를 넘어 마을과 가까운 산으로 들어서고 있었다. 저녁 해가 산을 막 넘어가려는 참이었기 때문에 약간 따스하고 불그스레한 햇살이 비춰주고 있었다. 우리는 재 위까지 와서 양지쪽 묘 잔등에서 잠깐 쉬고 있었다. 마을 장꾼들은 대개는 여기서 쉬었다 간다. 이제부터는 마을이 눈앞에 보이는 내리막길이기 때문에 모든 마음이 다 놓이는 지점이다.

그 때였다. 묘 뒤 소나무 숲에서 한 병사가 불쑥 나타났다. 첫 눈에 빨치산이란 것을 금방 알 수 있었다. 처음에는 약간 놀랐으나 금방 마음을 놓았다. 그 병사는 전혀 적의敵意가 보이지 않았기 때문이다. 얼굴이 해사한 청년인데, 아직도 동안童顔의 티를 못 벗은 스무살 안팎의, 마을의 형이라 부르는 아이나 막내 외삼촌 또래의 조그마한, 그러면서도 야무지게 생긴 청년이었다. 그는 숲 속에서 우리가 쉬고 있는 것을 처음부터 지켜봤고 양쪽 길에 한참동안 인적이 끊긴 것을 미리 확인하고 나타났음이 분명했다. 약간은 피로하고 또 약간은 겁에 질린 얼굴이었지만 애써 친절한 웃음까지 보였다. 낡은 군복에 구식 따쿵 총을 어깨에 메고 허리에는 물이 반쯤 담긴 물통을 차고 있었는데, 그 물통은 병사가 쓰는 것이 아니고 플라스틱 초록 빛깔이 나는 투명한 물통이었다. 어머니와 집안 아저씨는 한번 병사의 얼굴을 보고는 못 볼 것을 보았다는 듯 그대로 앞만 보고 있었다. 그 병사는 다가와 반좌형半坐型으로 사주를 경계하다 말했다.

"저! 용암산龍岩山을 갈려면 어디로 갑니까?"

그러면서도 양쪽 길을 또 주시한다. 이 병사는 낙오병임에 분명했고, 용암산을 꼭 가야만 하는 절박한 상황임에 틀림없었다. 이 재 위에서 보면 바로 뒤에 무등산無等山이 커다랗게

둥져 보이고 앞은 보기에도 재미있어 보이는 뾰족한 용암산이 눈 아래 내려다 보였다. 거기가 자기들의 집결지인지 아니면 거기가 심산深山이어서 몸을 숨기려고 하는 것인지는 아직도 모른다. 어머니는 말이 없고 집안 아저씨가 약간 어색한 몸짓을 하더니 입을 열었다.

"저 쪽입니다."

그런데 웬일인가. 아저씨의 손가락은 앞에 보이는 용암산을 가리키고 있는 것이 아니고, 정반대 쪽의 무등산 자락을 가리키고 있지 않은가. 나는 아저씨를 향하여 "나쁜 사람!" 하는 말이 목구멍까지 튀어 나왔으나 덩어리를 꿀꺽 삼키고 말았다. 그 때는 말 한마디에 죽고 사는 세상이기 때문에 '말조심! 말조심!'을 귀에 못이 박히게 들어왔기 때문이다. 그 청년은 순박한 우리 일행을 철석같이 믿는 것 같았다. 우리를 조금 안심시킨 눈치더니 날쌔게 숲속으로 사라졌다.

그날 저녁, 나는 잠을 이루지 못했다. 그 청년은 어찌 되었을까. 저녁마다 심심치 않게 들리는 총소리였건만 그날 저녁은 총소리만 나면 소스라쳐 놀라곤 하였다. 밤이 으슥해질 무렵에는 아주 가까운 산속에서 국군의 총성이 한참동안 콩 볶듯 들리다 그쳤다.

"제발 그 사람만은…."

나도 모르는 사이에 두 손을 모았다.

(1986. 4)

꾸오화

나는 지금도 티 없이 맑은 어린 소녀를 보면 꾸오화國華를 생각한다. 내가 스물다섯의 나이로 대만臺湾에 유학을 갔을 때, 꾸오화는 중학교 삼학년이었다. 그 때 나는 대학원에 입학을 했으니까, 내가 보기에는 아직 전혀 물정모르는 어린 학생에 불과 했었다.

꾀죄죄하고 무더운 기숙사에 틀어박혀 일단의 공부가 끝나면 무료하기 그지없었다. 그래서 늘 찾은 곳이, 그 기숙사의 한 칸을 차지하고 있는 청소부 아줌마의 방이었다. 그 아줌마는 기숙사 근방에 따로 초라하긴 하지만 자기 집이 있었다. 그러나 기숙사에서 일을 해야 하기 때문에 대부분의 시간을 그곳에서 보냈다.

처음에는 그 방에 텔레비젼이 있었던 것이 내가 찾게 된 동기였다. 그 때까지만 해도 한국에는 텔레비젼이 그리 보급되어 있지 않아서 큰 식당이나 가야 겨우 흑백 텔레비젼을 볼 수 있었던 시기였다. 그 때 대만은 벌써 각 가정마다 텔레비전이 보급되어 있었고 칼라 텔레비젼까지도 나와 있었다. 내가 텔레비젼 방을 찾아간 것은 무료한 것이 첫째 이유이지만, 텔레비젼 구경도 하면서 언어를 배우기 위한 것도 있었다. 말을 배우기 위해서는 텔레비젼이 아주 좋은 선생 노릇을 해주고 있었다. 또한 아줌마의 딸인 꾸오화나 그의 식구들과 몇 마디라도 말을 건넬 수 있다는 기대심리도 컸다. 대만에 유학할 때면 잘못 하다가는 룸메이트나 주위 사람들이 모두 '까리 꽁' [(대만인을 우리가 그렇게 불렀다. 그들은 '와 까리 꽁' (내가 너에게 말하겠는데……)이란 말을 무척 많이 쓴다. 우리가 알아들을 수 있는 유일한 대만어이다)]들이어서, 우리에게 필요치 않은 대만어만 하루 종일 듣게 되고, 막상 우리가 필요한 표준 중국어는 말하거나 들을 기회가 전혀 없는 경우가 많다. 그런데 모처럼 꾸오화 식구들은 대륙 사람이라 아주 정확한 중국어를 구사하고 있었다. 특히 꾸오화와 꾸오화의 남동생의 유창하고 재미있고 빠른 만다린Mandarin은 나를 매료시키기에 족했다.

그 방에는 항상 꾸오화의 식구들이 옹기종기 앉아서 텔레비젼도 보고 잡담도 하고 있었다. 꾸오화의 아버지는 평생을 사병생활士兵生活을 한 퇴역 군인으로 국가의 직업 알선책에 의

하여 이곳에 일자리를 얻은 것이고, 기숙사에서 잡역을 맡고 있었는데 말이 많은 비교적 소인小人타입의 남자였다. 꾸오화의 어머니는 청소도 하고 구내식당에 반찬도 몇 가지 제공해서 삯을 받기도하는 마음씨 곱고 복스럽게 생긴 부인이다. 꾸오화의 남동생은 나더러 수수(叔叔.아저씨)라고 불렀고, 꾸오화는 나더러 꺼거(哥哥.오빠)라 부르며 무척 따랐다. 우리는 같이 산보도 가고 극장도 갔다. 그러나 대부분 같이 시간을 보낸 곳은 역시 텔레비젼 방이다.

내가 재학하는 사이에 꾸오화는 고등학교 삼학년이 되어 있었다. 꾸오화는 더 명랑하고 활달한 소녀로 되어 갔다. 그 낭랑한 목소리는 잡질이 한번도 침입한 적이 없는 항상 맑고 밝은 순수한 소리였다. 꾸오화는 나만 보면 멀리서도 손을 흔들며 뛰어와 좋아서 발을 동동 구르며 뛰었다. 나도 꾸오화만 보면 우울한 구름이 걷히고 정신이 맑아지며 괜스레 신바람이 났다.

내가 졸업이 다 돼 갈 무렵의 어느 날 저녁, 나는 그날도 텔레비젼 방을 찾았다. 그날은 그 방에 다른 사람은 아무도 없었다. 꾸오화 어머니만 혼자 텔레비젼을 보면서 무엇인가를 골똘히 생각하고 있었던 눈치였다. 내가 들어서자마자 마침 잘 만났다는 듯이 이내 텔레비젼을 끄고 나에게 할 말이 있는 듯한 제스처를 하며 다가앉았다.

"낀량良根! 졸업하면 정말 너희 나라로 돌아가니?"

"물론 돌아가지요."

너무나 당연한 질문을 하기에 아무런 생각 없이 거의 반사적으로 대답을 했다.

"너, 우리 꾸오화랑 같이 여기서 살면 안되니?"

나는 내 귀를 의심하였다. 그러나 그는 분명히 그런 말을 알아듣기 좋게 말하고 있었다. 오래 전부터 생각했던 것임에 틀림없는 그런 표정으로. 그러나 이제는 더 이상 머뭇거릴 수 없으므로 털어놓는다는 그런 단호한 태도로. 말은 계속됐다.

"내가 저축한 돈이 좀 있는데…. 방 한 칸은 얻어줄 수 있다. 어떻니?"

나는 너무나 갑작스러운 사태에 어안이 벙벙해졌다. 마치 긴 세월이 그 몇 분 사이에 다 지나가고, 대만 토착민으로 변해 있는 지나간 내 모습을 지켜보고 있는 착각도 느꼈다. 꾸오화 어머니는 금니를 환히 내보이며 다정스럽게 웃고 있었다. 그러면서도 굳은 결심을 한 눈치였고, 내 일언지하一言之下만을 인내 심 있게 기다리고 있었다. 나는 하는 수 없이 웃기만 하였다. 끝내 내가 결정적인 말을 하지 않자 하는 수 없었는지 방금 한 말은 일단 유보라는 식으로 다른 얘기로 화제를 돌렸다.

그 일이 있고 나서부터 꾸오화 어머니는 나를 만나면 이야기 끝에 꼭 일단의 여유를 주곤하였다. 그 때의 질문에 이제라도 대답하지 않을까 하는 마음이 역력히 눈에 비쳤다.

꾸오화는 고등학교를 졸업하고 어느 버스회사에 취직했다.

아주 성숙하고 제법 의젓한 처녀로 변하가고 있었다.

내가 학교를 완전히 졸업하고 혼자 귀국할 짐을 싸고 있는 어느 날 낮, 누군가가 방문을 노크하였다. 문을 열어본즉, 내가 떠나는 날을 알고 꾸오화가 때마침 찾아와준 것이었다. 꾸오화는 막 피기 시작한 향기 짙은 한 떨기 꽃이 되어 활짝 웃고 문 앞에 서 있었다. 꾸오화는 부츠를 신고 뚜벅뚜벅 내 방으로 걸어 들어왔고(중국에서는 방에서도 신을 신는다) 그때도 티없이 맑은 이야기들만 해주었다.

"쥐具꺼거！한국에 가면 뭐가 되지? 선생? 사장? 정치가?"

"쥐꺼거! 한국은 추운 나라지? 이제부터 추워서 어떡하지?"

"쥐꺼거！……."

마치 이것이 영원한 이별인줄은 꿈에도 모르는양, 언제라도 또 만날 수 있는 사람인양 계속해서 무엇인가를 얘기하였고, 내 짐을 싸는 것을 도와주기도 하고 끈을 잡아주기도 하였다. 나는 말대꾸를 하면서 여러 번 꾸오화의 얼굴을 한참동안 물끄러미 바라보곤 하였다. 이 세상에서 천사를 빼놓고는 가장 순진한 아이!

꾸오화는 근무 도중에 말하고 나왔기 때문에 또 회사로 가봐야 한다며 문을 나섰다.

나는 그 길로 짐을 챙겨 비행장으로 향했다. 꾸오화는 지금쯤 그때가 나와 영원한 이별의 날이었음을 알았을까?

(1986. 1.)

고바야시 군

그의 이름이 고바야시라고 기억이 된다. 내가 일본에 유학하며 어느 술집에서 같이 아르바이트하던, 한 어린 청년의 이름이다. 나는 한국에서 유학을 떠나서 다른 나라에서 하나 마치고 2차 유학으로 일본에 갔기 때문에 학생으로서는 나이가 좀 든 편이었다.

내가 아르바이트하던 술집은 신쥬쿠新宿 한복판의 지하인데, 내모토칸코根本觀光라는 회사에서 경영하는 곳으로, 전국에 체인이 백 개가 넘는다는 대중 술집이었다. 어느 날 그곳에 나처럼 파트타임으로 아르바이트를 하겠다는 어릿한 청년 둘이가 들어왔다. 그 중의 하나가 고바야시小林였고, 또 하나는 스즈키鈴木였던 것 같다. 그 둘이는 단짝 친구였다. 나이는 갓 스물이 넘었을 정도였고, 얼굴 가득히 장난기가 넘치는 철부

지들이었다. 그러나 일은 어찌나 신바람나게 잘 하는지 모두가 좋아했다. 때로 일손이 부족하면 내가 있는 카운터 안으로 들어와서 주방일을 돕기도 하였는데 역시 썩 잘하고 손이 빨랐다.

그 술집에서는 내가 한국인이란 것을 모두 알고 있었고, 그들이 그토록 동경하는 토다이東京大學학생이란 것도 우연히 모두 알고 있었다. 그래서 어느 날부터인지 일본어를 잘 모르는 외국인만 오면 무조건 나를 불러내어 통역을 하게 하였다. 고바야시 군과 스즈키 군은 나를 거의 존경하다 시피 한, 말하자면 충실한 나의 팬들이었다.

그 점방에서는 시간이 한가해질 때면 나에게 한국어를 가르쳐 달라고 하였다. 나는 토막말들을 가르쳐 주곤 하였는데, 그들은 "안녕하십니까?", "빠르리(빨리)주세요." 등의 말들은 일부에서 통용될 정도까지 되었다. 그중에서도 고바야시 군은 어깨 넘어로 듣고도 척척 잘 하는 가장 성적이 좋은 학생인 셈이였다. 어느 날인가는 가르쳐 준 적도 없는 "시끄럽다!"라는 말을 적재적소에 쓰지 않는가? 나는 눈이 휘둥그레졌으나 어딘가에서 한국인들이 하는 말을 듣고 익혔겠지 하고 대수롭지 않게 넘겼다.

그 뒤로 무슨 일이 있었는지 고바야시 군은 그곳을 그만 두었고 스즈키 군만 혼자 일을 하고 있었다. 그러던 어느 날, 무척 한가한 날이었다. 스즈키 군은 나에게 할 말이 있다고 하였다.

바야시 군은 실은 한국인이었다. 그는 자기가 일본인 인줄 알고 자랐지만 시간이 흐름에 따라 일부 주위에서 '조센징'이라고 놀려댔다. 그래서 그는 어려서부터 자기가 한국인이란 것을 숨기기 시작했고 누군가가 알까봐 가슴 조이곤 하였다. 고등학교 동창인 스즈키 군은 고바야시 군의 모든 것을 알고 있는 죽마고우의 일본인이다. 그는 고바야시 군의 집에 놀러가서 식구들이 '조센고'朝鮮語를 사용하는 것까지 목격한 적이 있었다. 그러나 철저히 숨기고 고바야시 군 편에 서 주는 친구였다. 그러다 둘이는 자기들의 용돈을 벌자고 아르바이트에 응모했고 거기서 나와 만난 것이다. 고바야시 군은 처음으로 조센징한테 일본인들이 오히려 비굴성을 보이고 도움을 청하는 모습을 보게 된 것이다. 그는 뜨거운 동포의식을 느꼈고 자신이 자랑스러워 환호를 지르고 싶었다. 그러나 이 점방에도 일본인이라고 속이고 들어 왔고 지금까지 자기의 주위 사람들이 모두 일본인으로 아는데 지금에 와서 갑자기 탈바꿈하기란 쉽지 않았다. 그래서 내 앞에 얼굴을 들 수 없었고, 그 점방을 그만 두기로 결심하기에 이르렀다. 마지막 그만 두는 날은 나에게는 모든 것을 털어 놓으려고 용기를 내보기도 했으나 끝내 실천에 옮기지 못했다고 한다.

이상이 대강 스즈키 군이 나에게 들려준 고바야시 군에 대한 이야기의 내용이다. 자신도 모르는 사이에 한 청년에게 그

토록 심한 심적 고통을 안겨 주었구나 하는 것을 생각하니 마음이 아팠다. 그렇다고 일본인의 한국인에 대한 관념이나 교포들의 생활상을 잘 알고 있는 내가 "한국인이란 것을 밝히고 떳떳이 살아가라고 전하게 !"라는 식의 말은 끝내 할 수가 없었다. 지금 생각하면 그래도 그 말을 할 걸 잘못했나 하고 후회도 해 본다. 이솝의 까마귀가 돼 있는 그, 그는 왜 깃에 흰색을 칠하고 비둘기 사이에 낄려고 했던가. 지금쯤 고바야시 군은 40세가 다 될 나이인데 이제는 어디서 무엇을 하고 있을까?

(1988. 4)

씨암탉

나는 가끔 어린 시절의 향수에 젖곤 한다. 이제는 잃어버린, 아니 도심의 모든 사람이 맛볼 수 없는 그 무엇을 그리워한다.

초가삼간 헛간에는 돼지 한 마리, 툇마루 한쪽 위에는 토끼 두 마리가 든 나무상자, 뒤 안에는 벌집蜂巢 이 두 나무, 마당에는 줄繩에 메이지 않은 개 한 마리와 역시 자유분방한 닭이 너댓 마리. 이것이 내가 어렸을 때 뛰놀던 우리집 앞마당의 풍경이다.

시집 간 누님이 집에 온다는 기별이 있으면 늦어도 사흘 전부터는 집안사람들의 걸음걸이가 빨라진다. 어머니는 밭에 있는 깻잎이며, 풋고추, 감자 줄기, 덜 익은 옥수수 등 있는 모든 것을 거두어 광주리에 가득가득 이고 오신다. 광 속의 묵은 찹쌀이며 요긴할 때 쓰려고 간직해 두었던 벌레 먹은 팥, 콩

항아리들도 모두 뚜껑이 열린다.

어머니는 물론 딸을 만난다는 기쁨도 있지만, 사위를 잘 대접해야 한다는 일념에 동분서주 하신다.

누나와 매형이 도착할 때면 우리는 좋아서 어쩔 줄을 몰라했다. 엊그제까지 철없이 같이 뛰놀던 누님이 의젓한 새신부가 되어 곱게 단장하고 수줍어하는 모습은 어찌 보면 이방인처럼도 보여 재미있었다. 옆에 서 있는 매형은 그렇게도 늘름해 보이고 믿음직하게 보일 수가 없었다.

그런데 어머니의 교육 때문인지 지금 생각해도 누님보다 매형이 더 좋았던 것 같다. 누님과 매형은 네모진 대바구니를 비단 보자기에 싸서 들고 오신다. 그 안에는 인절미 콩떡이며 시루떡들이 들어 있었고 때로는 유과며 부침개도 들어 있었다. 그 쪽에서도 사돈 집에 보내기 위해 며칠 전부터 밤잠을 설치며 준비했을 것이 분명하다. 인절미며 유과하나 만들기 위해서 얼마나 잔손질이 많이 가는지 나는 잘 안다. 그런데 상床이 차려졌을 때는 으레히 한 가운데 씨암닭 백숙이 주메뉴가 된다. 상 위의 닭고기는 돌아온 누님이 팔을 걷어붙이고 손수 찢으셨고, 상가에 둘러앉은 동네 청년들은 그때부터 너나 없이 농담이 시작되고 구성진 노래 가락이 이어진다. 그 씨암닭은 말하자면 우리 집 보물이었다. 유일한 별미의 반찬을 생산하는 씨암닭 한 마리. 그 닭은 알을 아무데서나 낳았다. 마루 밑 부드러운 흙 위나 짚 덤불 위, 어떤 때는 헛간,

두엄 위나 담벼락 밑, 참으로 너무나 들쑥날쑥이어서 알을 찾느라고 반나절을 헤맬 때도 있었다. 우리는 그것을 찾는 것이 또 하나의 즐거움이었다. 그 유일한 씨암닭은 알을 하루에 한 알 또는 며칠 만에 한 알밖에 낳지 않는다. 그것을 보시기에 깨어 붓고 달걀찜을 해주곤 하셨다. 그 유일한 보물 생산원生産源을 사위를 위하여 아낌없이 잡은 것이다. 그 씨암닭을 잡을 때면 어머니는 꼭 동네 총각에게 부탁하곤 하셨다. 그것을 부탁받은 총각은 무척 기뻐한다. 가장 맛있는 똥집(꽁무니)은 잡은 사람 차지이기 때문이다. 그 청년은 냇가에서 잡은 닭을 씻으면서 미리 준비해 간 소금에 똥집을 찍어 생으로 잘근잘근 씹어 먹었다. 보는 사람들은 얼굴을 찌뿌리면서도 자기도 모르게 군침을 삼켰고 조금 얻어먹기도 하였다.

우리가 정말로 바라는 것은 비싼 것이 아니다. 많은 것도 아니다. 그 정성 하나에서 샘솟는 환희를 맛보는 것이요, 가슴 뭉클한 진실을 교통하는 것이 아닌가.

(1987. 1)

새벽을 깨는 새

세상이 아직 잠에서 깨어나지 않은 이른 아침에 한강변을 달리는 기분은 참으로 상쾌하다. 일찍 일어나 츄리닝을 갈아 입으면서부터 머리 속에서는 벌써 한강변을 달리고 있다. 내가 강변으로 코스를 바꾼 이래로 좀처럼 다른 코스를 잡지 못하고 있는 것은 그 곳의 보고 싶은 경치가 자꾸 기다려지기 때문이다. 더구나 오늘 새벽에는 중대한 마음의 결정을 내려야 하는 절박함도 있다.

저쪽 동녘 하늘에서 빼꼼히 얼굴을 내민 진빨강의 태양을 포플러숲 사이로 선보며 달리는 것도 기분 좋다. 무섬끼까지 드는 어두한 짧은 터널을 지나면 바로 눈앞에 출렁이는 밝은 세계가 펼쳐진다. 그 때부터 나의 백미코스인 강변 조깅이 시작된다. 태양은 진빨강에서 점점 옅은 주황으로 바뀌어지며

물위로 거인처럼 긴 불기둥이 이어져 바로 나에게 초점이 맞추어진다. 태양을 안고 달리면 그 물 위의 불기둥은 천천히 이동하며 계속하여 나와 태양 사이를 이어준다. 이것은 나의 태양신에게 올리는 새벽제전祭典이다.

내가 마음의 평안을 찾는 것은 강물을 헤엄치거나 강 위를 나는 새 떼들이다. 그 새들의 이름을 잘 모르기 때문에 나는 나름대로 이름을 붙인다. '청둥오리', '비 오리' 등등. 이 이름은 내가 어딘가에서 들었기 때문인데 물론 원명은 아마 따로 있을 터이니 혼자만 통하는 이름인 셈이다. 그 외에도 오리보다는 덩치가 작고 그림처럼 이쁜데다가 물을 곤두박질치며, 그 작은 머리를 털털 털며 일어서는 새는 '이쁜이 새', 또 입주둥치가 유별나게 뽀족한 놈은 '뽀족이 새'등등….

새 떼들은 참으로 새벽 강변의 진풍경이다. 위를 쳐다보면 어둑어둑한 잿빛 하늘을 떼지어 나는 새들은 유심히 보아야 겨우 보이며 이내 점도 보이지 않게 날아 푸르스름한 하늘 끝으로 사라지곤 한다. 어디를 저리도 급히 나는지.

오늘은 쌀쌀한 강바람을 가르며 둑을 따라 한참 달리다 문득 자신의 귀를 의심하였다. 참새 소리인 듯 꾀꼬리 소리인 듯 찌르르 찌르르 찌찌쯔르르 하는 소리가 계속 들려오고 있지 않은가. 잠시 뛰던 스피드를 낮추어 보았다. 여전히 새소리 같은 것이 들려온다. 완전한 보행으로 바꾸어 보았다. 여전히 들렸다 강가에서…. 나는 둑을 내려 물결이 찰랑거리는 가장자

리까지 살금살금 걸어가 보았다.

이 소리였구나. 드디어 소리의 물체를 찾아냈다. 그것은 살얼음이었다. 엷은 얼음이 강심을 향하여 서너 길이나 얼어들어가 있고, 그 얼음이 찰랑거리는 파도에 찌르르 깨지거나 깨진 틈 사이에서 울리는 소리였다. 얼다가 실패하여 둑에 짧게 붙여있는 얼음에 물결이 부딪치면 퍽퍽 퍼석퍼석하는 소리를 낸다. 그러나 이 소리는 맑고 깨끗하기에 지상地上의 무엇과도 견줄 수가 없다. 초겨울의 찬 바람을 쏘이며 듣는 이 소리는 천고무변의 소리일지니, 그 옛날 어느 고뇌에 찬 선비도 새벽 찬 바람을 쏘이며 홀로 강둑을 거닐다가 이 소리를 들었을 것이다. 그는 오늘 내가 발견한 바로 살얼음 소리라는 것을 알아내고 빙그레 미소지었을 것이다. 천년을 두고도 변할 수 없는 이 영겁의 새벽을 깨는 새 소리. 그는 잠시 이렇게 자연의 신비 속에서 머리를 식히다가 그가 하여야 할 중대한 마음의 결심을 내렸을 것이다. 바로 나처럼 말이다.

(1988. 12)

어떤 축의금

축의금은 즐거운 마음으로 내야 한다. 축하를 하는 사람이 진심이 아니거나 마지 못해서 할 경우 축의금은 그 의의를 상실한다.

효孝도 마찬가지다. 그것이 진심에서 우러나와야지 마지못해서 하는 효는 효가 아니고 고역이다. 부모가 돌아가시면 우리 선조들은 3년 상을 입었다. 3년 동안이나 삼베옷을 입고 살며 매일 부모님 영전에 문안을 드려야 했다. 그런데 그것이 진심이 아니었다면 그 자식은 얼마나 괴로웠을까. 나는 이 대목을 생각하며 반드시 진심이 아닌 사람이 있었을 것이라는 확신을 한다. 그렇다면 미풍양속이 아니라 악습이 돼버리고 만다. 그래서 유교는 본의 아니게 인간의 이중성을 강요하는 사상이 되었나 보다.

요즘의 축의금은 점점 더 형식화 되거나 인사치레로 변하여 가고 있는 것 같다. 결혼식장에서 볼 수 있는 최근의 못된 풍경은, 축의금을 가지고 가서 접수시키고는 자기가 인사치레를 해야 할 상대에게 일단 얼굴만 비치고 마구 식당으로 들어간다. 금방 시작할 결혼식장 안에는 아예 들어가지도 않고 식당으로 가서 식사만 하고 나온다. 그 사람의 아들딸인 신랑 신부는 얼굴도 보지 않고 나와 버리고 마는 것이다.

오늘은 결혼식 시작 15분 전에 가까운 전철역에서 내려 식장까지 가는데 이미 다녀서 나오는 사람을 도중에서 여러 명 만났다. 그들은 이제 식당으로 들어가서 먹어 주지도 않고 돈 봉투와 얼굴만 내밀고 '뒤로 돌아' 나와 버리고 만 것이다.

이래서는 안 되는데…. 나는 문득 귀국하여 선배님 사무실에서 보았던 한 장면을 떠올렸다. 내가 방문하던 그날 그 선배님에게 어떤 젊은이가 자기 청첩장을 가지고 방문했다. 그 젊은이는 자기 결혼을 무척 감개무량한 듯하였고 그 선배님도 진심으로 축하한 듯하였다. 그런데 그 젊은이가 방을 나서자 선배님께서는 나를 한번 보고 웃으시더니

"이것도 하나의 공해公害야!"

하며 청첩장을 책상에 내려놓는다. 나는 방금 그 젊은이가 어디서 보고 있지나 않나 얼른 문 쪽으로 시선을 돌렸다. 그 순진한 젊은이가 이 기성세대의 말을 들었다면 얼마나 실망했을까. 물론 이런 선배분이야 청첩장이 일주일에도 몇 장씩 날라

들어올 것이니, 한 사람 앞에 얼마씩만 넣어도 많은 지출이 있을 법도 하다. 그러나 그런 일은 한참 후에야 안 일이고 경사스러운 일을 그대로 받아들이지 않는 것을 처음 알았을 때 받은 충격은 컸다.

그런데 실은 이즈음 나도 그와 비슷한 생각이 가끔 날 때가 있다. 그런 생각이 나려고 하면 스스로 생각을 고쳐먹으려 열심히 노력한다. 그런데도 요새는 무작위로 날라드는 청첩장은 좀 타성적으로 받아 넘긴다. 직장 동료의 청첩장도 친한 사이면 몰라도 그렇지 않은 사이면 가끔 빼먹기도 한다.

그런데 친하지 않은 사이라도 꼭 가기로 원칙을 세운 곳이 하나 있다. 민주화 의지가 있는 분의 경조사다. 나 혼자만이라도 그런 분들께는 무엇인가 보상을 해줘야겠다는 생각에서이다.

교수사회도 학생사회도 비슷하다. 내가 학생시절에 참여한 큰 시위는 4·19와 한일 국교정상화 반대 시위였다. 그 때도 시위에 참여한 학생은 그리 많지 않았다. 한 반의 10분의 1도 못되는 경우가 많다. 시위에 참여하지 않은 대다수의 학생은 국가지사國家之事는 자기와 상관없다. 같은 학생이 죽어도 잡혀가도 자기는 극장가고 시험공부 하곤 하였다. 어떤 때는 시위에 참여한 사람을 조소嘲笑까지 한다.

그런데 교수사회에 들어와 보니 어쩌면 그렇게도 학생사회와 꼭 같은지. 그래서 나는 민주화 의지가 있으신 분들을 더욱 존경하게 되었다. 그들은 국가를 걱정하고 학생을 사랑하기에 항상 마음이 편치 않고 불이익을 당하고 있다. 그도 남처럼 자기 할일이나 하고, 학생이 끌려가도 분신자살을 해도 못 볼 것을 보았다는 듯이 피해버리면, 오직 학문만 아는 교수, 유능한 남편, 훌륭한 아버지란 말을 듣고 평생 동안 보장된 자리를 누리고 살 수도 있을 것이다. 그러나 의식 있는 교수는 그런 길을 택하지 않는다.

오늘 내가 그 분 따님 결혼식에 꼭 참석하고, 끝까지 자리를 지키고 앉아 있었던 것도 그런 의미에서이다. 그 분은 고참 교수여서 높은 보직까지 거치시고 또 이전 어느 회의에서 나와 의견 대립도 있었던 분이어서 미처 민주화 의지가 있는 분이라고는 생각지 못했다. 그런데 시국선언에 서명운동을 벌이며, 각 단대에서 수합된 몇 장 안 되는 서명 용지를 넘기다가 그분의 이름을 발견하고 상당히 의외로 생각했다. 쉬운 일이 아니었을 텐데…. 젊은 분도 아니고 원로로서 큰 결단을 내렸구나 하고 생각했다. 그리고 그것은 그 분의 평소 인생관이라고 생각했다. 그까짓 서명 한 번 한 것이 무어 그리 대단한 일이냐고 할 분이 있을지 모르나, 그 일이 아주 외로운 결단이란 것을 나는 잘 알고 있다. 거의 대다수의 교수들은 평생 동안 한번도 그런 작은 결단도 못 내리고 만다.

(1991. 6)

문학의 위대성

학문의 진수眞髓는 뭐니 뭐니 해도 문사철文史哲이다. 그런데 정책 담당자들은 문사철을 싫어하는 속성을 지니고 있다. 자연과학처럼 기계도 고치고 약품도 만드는 것이 아니기 때문에 자칫 잘못 생각하면 비생산적이고 이유가 많은 사람으로 보기 쉽다. 그래서 요사이도 사람들은 자연과학이 많고 인문과학이 적은 것이 선진국 형이나 되는 것처럼 이야기한다.

일제日帝가 한창 태평양전쟁으로 광분하고 있을 때는 인문계는 거의 무시되고 있었다는 것을 환기할 필요가 있다. 하기야 일제는 처음부터 조선인에게는 순수 학문을 못하게 막았다. 그런 학문은 자기들이 전담하고 조선인에게는 의과나 법과 같은 것만 장려했던 것이다.

진시황제도 한참 극도의 독재를 할 때 분서갱유焚書坑儒사건을 일으켜, 천하의 사상서들을 모조리 불살라 버렸다. 의약醫藥·복서卜筮·종수種樹같은 책들만 남겨 놓았고, 당대의 사상가, 학자 460여 명을 함양咸陽에서 생매장하여 죽인다. 진시황제가 두려워한 것도 이즘 말로 말하면 문사철 서적이요, 미운 것도 문사철을 하는 사람들이었다.

그런데 이 문사철 중에서도 '문文'이 단연 맨 앞이다. 나는 문학의 위대성에 새록새록 놀란 적이 많다. 엊그제 역사기행을 떠났다. 갑오농민전쟁의 발자취를 더듬기 위하여 '전라남도 동부지역 및 경상남도 서부지역'을 둘러볼 차례였다. 첫 날 밤을 선암사仙岩寺에서 자고 밤티재를 넘고 오금재를 넘어 벌교로 들어서고 있었다. 그런데 나는 아까부터 묘한 관중의 반응에 놀라고 있었다.

그날 참석한 40여 명의 역사 기행단은 사학을 전공하지 않은 사람이 많고, 농민전쟁의 사적지 탐방보다는 봄나들이 기분으로 온 분들도 섞여 있었다. 버스 안에서 마이크를 잡고 설명한 사람이 던지는 말 중에서 본 기행과 관계없는 말들이 끼어든다. 그리고 거기에 대한 호응이 상상외로 컸다. 드디어 한 곳에 이르자 버스를 잠깐 멈추라 하더니,

"바로 이 위가 정하섭이 찾아들던 소화素花의 집이 있고, 바로 그 위가 현부자네 제각祭閣입니다."

"여기까지 왔는데 보고 갑시다!"

모두 버스에서 우루루 내린다. 그 때야 나는 조정래趙廷來의

《태백산맥》을 말하고 있다는 것을 알았다. 무당 월녀와 딸 소화가 살던 집은 헐리고 빈터만 남아 있었고 제각은 거의 현상을 그대로 보존하고 있었다. 다시 버스를 타고 오며 이제는 잠시 그쪽 이야기로 완전히 방향을 바꾼다.

"저 마을이 하대치의 처가妻家 들몰입니다."

"저기 둥그렇게 원형이 조금 남아 있는 다리가 횡개(홍교) 다리이고, 저~것이 소화다리입니다."

"이곳 벌교 역전이 주먹패 염상구가 객기를 부리며 휘젓고 다니던 곳이고, 저~기 아주머니들이 다라이에 놓고 팔고 있는 것이 그 유명한 벌교 꼬막입니다."

"와!"

나는 《태백산맥》을 첫 권만 읽었다. 다른 사람들이 하도 많이 이야기를 해서 첫 권을 사다가 읽고는 금방 중지하였다. 첫 권을 읽으며 나도 모르게 빨려 들어가는 무서운 힘 때문에, 다음 권을 사면 열 일을 제쳐 놓고 끝 권까지 읽지 않고는 배길 수 없는 자신을 알았기 때문이다. 나는 그때 써야 할 것도 있고 강의 준비에도 쫓기고 있었다.

문학 중에서도 소설의 영향력은 특히나 크다. 우리는 실은 이광수의 소설 《원효대사元曉大師》, 《이차돈의 사死》를 통해서 그들의 행적을 비로서 알게 됐으며, 김동인이 써준 《수양대군》 그리고 대원군의 행적을 그린 《운현궁의 봄》을 통해서 그들의 행적을 알게 됐지 원사료를 보고 안 것은 아니다.

우리가 중국의 삼국사를 안 것도 진수陳壽의 정사正史 ≪삼국지≫를 보고 안 것이 아니고 나관중羅貫中의 이야기 ≪삼국지연의演義≫를 보고 안 것이며, 송강宋江등의 사적을 안 것도 송사宋史를 읽어서가 아니고 실은 시내암施耐庵의 ≪수호전≫을 읽고 안 것이며, 당사唐史에서. 현종·양귀비를 안 것이 아니고 백거이白居易의 〈장한가長恨歌〉 나 진홍陳鴻의 〈장한전〉을 보고 안 것이다.

나는 문학을 공부하면서 가끔 엉뚱한 생각을 하게 된다. 내가 심혈을 기울여 연구하고 있는 이 대상이 과연 나보다 더 유식한 사람이었을까 하고. 아마 나보다 아는 것도 적고 공부도 적게 했을 것이 분명하다. 그런데도 나는 그의 사상이나 행적 등을 연구하며 그의 꽁무니만 따라 간다. 나 말고도 또 그럴 사람은 줄을 섰을 텐데, 그 작가는 뒤따라오는 사람은 전혀 의식하지도 않고 마음껏 호탕하게 달리고 장난하고 기교를 부리며 자기 볼일을 다 보곤 한다.

수필계의 대가이신 한 분과 어느 날 나누던 얘기가 오래 잊혀지지 않는다. 그는 자기의 수필 한 편이 중학교 교과서에 실렸는데, 나중에 참고서를 보니 '작가의 사상'이 어떻니 하는 말들이 잔뜩 써져 있는 것을 보고 놀랐다고 한다. "나에게 그런 사상이 있었던가?" 하고.

일본에서 같이 사학을 공부하던 일본인 친구가 이제는 교수가 되어 연구차 한국에 왔다. 그 친구와 이야기를 나누던 중,

"난 요사이 문학에 더 심취하고 있지. 영향력으로 볼 때 문학 작품이 사학서보다 몇 십 배의 영향력이 있다고 생각하거든."

"몇 십 배? 몇 만 배가 아닐까?"

그 친구는 한 수 더 뜬다. 참으로 파급 효과를 주의 깊게 관찰한 사람은 이 말에 동의할만도 하다.

그런 까닭에 청말淸末의 양계초梁啓超같은 사람은 사회를 개량하는 도구로 소설을 동원하자고 주장하며 실천에 옮긴다. 소설은 그 영향력이 하도 커서 작가가 이끄는 대로 따라오게 되어 있다는 것이 그의 소설을 통한 사회개량론의 주류이다.

가장 머리 좋은 사람은 문사철을 해야겠다, 그 중에서도 문학을.

지금도 우리는 머리 좋은 사람이 의과나 법과를 가고 있는 실정이다. 그런 학문은 평범한 머리를 가진 사람이면 충분히 해 낼 수 있다. 머리 좋고 심각성이 유별난 사람이 문학을 맡아주어야겠다.

(1991. 4)

2부

그리움을 안고

사람이란 그리움을 되새김하며 살아가는 것인지, 누구나 그리움 하나쯤 간직하지 않고 살아가는 사람은 없을 것이다. 강가에 하염없이 앉아 있는 중년의 남자, 저녁거리로 콩잎, 고구마 잎을 뜯어 대바구니에 담고 있는 아낙네, 논두렁을 무심코 걷고 있는 농부에게도 하나쯤 그리움은 있을 것이요, 하늬바람 불어오는 산자락을 넘어가는 탁발스님도 머리 속에는 세속을 다 털어 버리지 못한 사무친 그리움이 있을지 모른다.

나는 요새 동생이 보고 싶다. 지금은 영원히 돌아오지 않는 동생. 죽어서 돌아오지 않음도 아니요 살아서 영원히 돌아오지 않겠다고 떠나간 사촌동생. 올해로 17년이 되었는데 어제 저녁 꿈에는 동생의 얼굴이 보였다. 상당히 초췌한 얼굴로 "형님 !"하며 내 앞에 나타났다. 나는 어찌나 반가웠는지 네가 드디어 돌아왔구나, 내 편지를 받고 왔지? 하는 말을 직접 했는지 속으로만 소리쳤는지 분명한 기억은 없지만, 하여튼 가슴이 메이도록 반가워 무슨 말을 했는지조차 기억이 없다.

아버지와 작은아버지는 형제이셨다. 조부모님께서 형제만 남겨 놓고 일찍 돌아가시자 작은아버지는 총각시절에 별별 힘든 일도 다하시다가 작은아버지는 일본에서, 아버지는 고국에서 살림을 일구시고 살으셨다. 작은아버님이 돌아가신 후, 작은어머님은 아들만 사형제를 데리고 귀국하셨으나 벌써 아버님 형제분이 안 계시기 때문에 두 동서간은 상당히 소원하게 지낸 것 같다. 그러다가 내가 광주光州로 중학을 가게 되면서 어머니는 나를 작은댁에 맡기시게 되었고, 그 때부터 나도 처음으로 형, 동생들을 알게 되었다. 위로 세 형은 나와는 거리가 있었고 동생 상우만이 마음에 맞았다. 순수함으로 뭉치고 다정다감함이 천성으로 태어난 상우는 어쩌면 그리도 내 마음에 맞았는지. 나이는 한 살 차이밖에 안되지만 나는 말을 놓았고 상우는 예사 높임으로 '어이'를 하였다. 우리는 단짝 친구가 되었다. 학교를 갔다 온 뒤나, 노는 날이면 집 앞 논에서 동네 아이들과 편을 갈라 흙 범벅이 되도록 팔매질을 하고 놀았다. 논을 쟁기로 갈아 일구어 놓으면 몸을 엎대기만 해도 흙덩이가 손에 잡힌다. 그 중에서도 잘린 모포기에 뭉친 덩이는 잘 깨지지 않아서 호재이다. 포기 흙을 냅다 던지면 허공에서 흙가루가 바람에 흩날리며 날아가 상대방의 뒤통수에 명중될 때면 작열하는 그 통쾌감 말로 다 표현할 수 없다. 놀이가 끝나면 얼굴은 눈과 입술만 뻔하고 온통 아프리카 흑인이 되어 있다. 머리고 옷이고 털털 털면 흙이 한 줌씩은 쏟아졌다. 또 상업학교 뒷산 벌거숭이 흙구덩이에서 깎아지른 반절벽을 소리를 지르며 뛰어 내리고, 오르고, 뛰고, 뒹굴고, 나무막대를 주워 영화의 활극 싸움 놀이를 하였다.

그러다 우리는 탱자나무 울타리를 뚫고 사범학교에 들어가 평행봉에 기어오르고, 철봉에 매달리기 시작하였다. '까기'도 해보고 '차고 오르기', '물구나무 서기'도 해 보았다. 그러다가 다른 아이들보다 우리 둘이가 가장 잘 한다는 것을 알았다. 우리는 시설이 더 좋은 광고光高까지 원정을 가서 연습하였다. 거기서 광고 기계체조부 형들이 우리를 예쁘게 보기 시작하여 자기들의 연습에 참여시켜 주었다. 지금 용어로 말하면 그 형들에게 발탁된 것이다. 광고는 사범학교와 링크가 되어 있어 두 학교 어디서나 마음대로 운동을 하게 되었다. 나중에 나는 우리 학교에서 기계체조부 창설자가 되었다.

우리는 대학을 체대를 가자고 약속하였다. 그러나 고등학교 고학년이 되면서 내가 변심을 하였다. 아무리 생각해도 체대는 장래성이 문제될 것 같아서였다. 동생은 기어코 S대 체육과를 들어갔다. 그러나 아니나 다를까 체육과가 마음에 들 리가 없어 일 년도 못 되어서 그만둬 버리고 말았다. 그리고는 조금 있다 독일로 취업을 떠났다는 소식을 들었다. 그런데 1, 2년

만에 다시 귀국하고 말았다. 형들의 말에 의하면 어느 피아노 건반을 만드는 공장에서 일을 하다가 현장감독과 싸우고 불미스럽게 귀국했다고 한 것 같다. 상우는 머리가 좀 이상해져 정신휴양소에서 휴양을 하고 있다고 했다. 어느 해 여름방학, 고향에 내려갔을 때 상우가 퇴원해 집에 있다고 해서 작은댁으로 달려갔다. 그런데 이게 웬일인가. 상우는 무언無言이가 되어 있었다. 나를 보고도 그렇게 반가워하지도 않고 동공의 초점도 흐린 듯하였다. 젊디젊은 나이에 무슨 마음의 병이 그리도 깊어 있었는지. 그 때 나는 얘기로 "한국이 가장 좋더군요."하는 그의 말만 기억이 난다. 숫기가 없어서 손을 잡고 울어주지도 못하고, 입에 발린 말로 호들갑도 떨지 못하고 물러 나왔다.

그 뒤로 나는 유학을 떠났고 2, 3년이 지나서 일시 귀국을 하여 서울에서 상우를 만났다. 상우는 완전히 옛날 활달하던 시절로 환원되어 있었고 말만 약간 더 느려진 것 같았다. 피아노 렛슨도 시키고 팔군 영어 통역도 하면서 살아가고 있었다. 그런데 상우는 나를 만나러 나오면서 미옥이와 함께 나온 데는 약간 놀랐다. 미옥이는 상우의 외사촌 동생이다. 그래도 우연히 만나서 같이 나왔겠지 하고 예사로 대하였다. 마침 미옥이도 보고 싶었는데 잘 됐다 싶어 신나게 옛날로 돌아가 끊겨진 필름을 다시 이어 보며 손뼉을 치고 좋아 했다.

미옥이는 상우가 중3, 내가 고1 때 온 것 같다. 미옥이는 작은 어머니의 남동생 딸인데, 대처로 중학을 오면서 우리와 같이 생활하게 되었다. 한 방에서 공부도 하고, 세숫물을 뿌려 놀려주기도 하고, 포카놀이도 하고, 남의 흉내 내기도 하고, 낄낄대며 웃고, 온갖 장난을 다하며 자랐다. 미옥이는 머리가 아주 좋았다. 줄곧 특등생으로 장학금을 받고 학교에 다녔다. 포카놀이를 할 때면 미옥이는 앞사람 카드를 보고 두세 사람 건너까지 계산을 해냈다. 그 깨끗한 살결하며 사과빛 나는 발그레한 이쁜 볼하며, 남자 아이들만 들끓는 세계에 들어온 한 명의 너무나 귀여운 여자 아이였다. 미옥이가 온 뒤로 갑자기 온 집안이 활력이 넘쳐흘렀다.

그러던 미옥이가 상우랑 함께 나왔으니 오죽이나 기뻤겠는가. 그 뒤로 또 세월은 흘러 나는 일본으로 유학을 가 있었다. 상우는 한국에서 편지를 보냈다. 미국으로 이민을 가는 도중에 일본의 나를 만나고 가겠단다. 나는 기뻐 허겁지겁 하네다 공항까지 나가 맞이하였다. 홍고本鄕의 내 누추한 자취방까지 데려와 이야기 하였고, 신주큐新宿 빌딩 숲을 보기 위해 오타큐 백화점 전망대에서 차茶도 마셨다.

"너 결혼은 어떻게 됐니 ?"

"곧 알게 될 것입니다."

"곧 알게 되다니? 무슨 말이야 ?"

"금방 알게 됩니다."

끝내 자세한 말을 해주지 않는 상우가 좀 야속했다. 그렇게도 친한 사이로 알았는데 무엇이 그리 어려워서 나한테까지 말을 안 하는가, 더구나 외국에서 단 둘이 만났는데. 나는 서운하기 그지없었으나 오랜만에 만나서 그 말만 추궁하고 있을 수 없어서 화제를 돌려 다시 즐겁게 시간을 보내다가 상우는 떠나갔다. 그 뒤로 몇 년 더 있다가 나는 완전 귀국을 하였고, 그 때야 상우가 일본에서 나에게 했던 말의 뜻을 알았다.

상우가 나에게 들른 그 일 년 전에 미옥이가 먼저 미국에 가 있었다. 일년 후에 상우가 가면서 나에게 들른 것이다. 미국에서 둘이는 부부가 되었다. 둘이는 영원히 한국에 돌아오지 말자고 약속하였다. 자식도 갖지 말자고 하였다. 그들은 그대로 실천하며 오늘에 이른 것이다. 동성불혼同性不婚이라는 악습이 있는 것도 문명국치고는 세계에서 한국밖에 없는데, 알고 보면 그들은 동성도 아닌데 말이다. 이 쓸데없는 관습이 얼마나 많은 젊은이들을 괴롭혀 왔던가. 하찮은 인간이 만들어 놓은 허상에 얽매여 평생을 허우적거리며 굴레를 벗어나지 못하는 모습이 너무나 잔혹하다.

세월은 또 흐르다가, 작년에 내가 가족을 데리고 불쑥 상우를 찾아갔다. 오렌지 카운티, 제퍼슨가街의 어느 조용한 양옥집. 상우도 이제 이마에 주름살이 깊다. 상우는 인부들을 데리고 페인트 청부업을 하고 있었고, 미옥이는 약사藥師로 큰 병원에 나가고 있었다. 집도 좋고 차車도 두 대나 있는 것이 미국에서도 중류 이상의 생활이었다. 상우는 하나라도 더 구경시켜 주고, 하나라도 더 사주고 싶어서 안달이고 점방은 아예 문을 닫아 버리고 나에게 매달렸다. 내 아이들도 '작은아버지', '작은어머니'가 그렇게 좋은 모양이다. 핏줄은 못 속인다더니 '작은 아버지'는 나와 많이 닮았단다. 웃는 모습은 나와 여지없이 똑같단다.

공항 에스컬레이터 밑에서 나를 배웅하는 상우는 점점 거리가 멀어지자 눈시울을 붉어지기 시작했다.

나는 돌아와서 장문의 편지를 띄웠다. 이제 너희들이 '터부'시視한 모든 것을 털어놓고 이야기하자고, 너희들은 왜 그런 무거운 십자가를 지고 살아가야 하느냐고. 일단 당장 한국에 나오라고…. 한참이 지나서야 답장이 왔다. 내가 조목조목 번호를 매겨가며 쓴 내용에 대해서는 일언반구의 대꾸도 없다. 자기들의 살아가는 이야기며 내가 보내준 책을 읽고 감명을 받았다는 등의 이야기만 가득 메꾸어 놓았다.

정작 할 말을 쓰지 않고, 하고 싶은 말이 목구멍까지 치밀어 오르는데도 모두 들이 삼키고, 끝까지 다른 말만 써내려 가면서 상우는 얼마나 가슴이 메었을까. 나는 안다. 상우는 편지를 다 써놓고 틀림없이 밖을 나와 하늘을 보았을 것이다. 푸른 하늘에 두둥실 떠가는 한 조각 흰 구름을 보면서 공항에서 마주치던 그 눈시울에 분명 이슬이 맺혔을 것이다.

(1991. 6)

불란서인의 해방과 한국인의 해방

나는 단 한마디 말을 확인하기 위하여 한두 달간의 시간을 소비하였다. 그것은 종전終戰후 프랑스가 자국의 친독분자親獨分子들을 청산하고 민족정기를 세우는 내용이다. 내가 언젠가 신문에서 본 내용 중에 이런 내용이 있었던 것 같다.

"프랑스는 독일에게 단 4년간 점령 당한 상처를 도려내기 위하여 자국민 1만여 명을 즉결처분하고, 1만여 명을 정식 재판으로 사형에 처했다. 그러나 우리는 36년간이나 일본의 지배를 받아 왔는데도 단 한명의 친일분자도 처단하지 못하고 오늘에 이르고 있다."

내가 조석간으로 보고 있는 한겨레 신문이나 동아일보 어느 쪽의 '논단'인지 '시론'에서 보았다. 그러나 그때 스크랩을 해 두지 않았기 때문에 막상 써먹으려고 하니 재확인이 필요했다. 나는 이 말을 저술중인 내 책의 서문에 넣고 싶었다.

90년도 한겨레신문인 것 같아서 도서관에서 90년도 분을 모두 뒤졌으나 그 내용이 안나온다. 89년도분인가 하여, 89년 신문을 죄다 뒤져도 안나온다. 동아일보였든가 싶어 역시 2년 분을 뒤져보았으나 결과는 마찬가지다. 한겨레신문사 자료실로 전화문의를 해보았으나 못 찾겠다는 회답이다.

아무래도 한겨레신문에서 칼날 같은 논설을 펴주시던 이 교수나 최 논설위원인 것 같아서 두 분께 전화를 해보았으나 자기들은 그런 글을 쓰지 않았다고 한다. 최 논설위원의 말에 의하면 장 아무개란 사람이 프랑스에서 글을 써서 동아일보에 붙여오는데 그 글 안에 그런 내용이 있음직하다고 했다. 그래서 동아일보 자료실에 협조를 요청하였으나 역시 회답은 그런 내용이 없다는 것이다. 이제는 동아일보를 중점적으로, 88년도분과 91년도 분을 한 장 한 장 다 넘겨보았으나 역시 안나온다. 그래서 이제는 한겨레신문을 창간호에서 최근호까지 모조리 뒤졌으나 역시 허탕이다. 아마 내가 뒤진 그 범위 안에 반드시 있으련만 내가 모르고 넘겼던지, 아니면 중간에 학생들이 스크랩한 자국들이 가끔 있었는데 그 잘린 곳이 그곳인지도 모르겠다.

얼마 전에 모윤숙의 친일행각을 생생하게 써준 한겨레신문의 최 기자에게 전화해 보았으나 그 관계는 잘 모르겠다고 한다. 최 기자의 글 중에 나오는 '반민족문제 연구소'란 곳이 있어서, 그 곳은 알 것 같은 생각에 소재를 알려달라 했더니 친절히 일러준다. 회기동의 어느 좁은 골목 안 세탁소 2층에 세貰 들어 있는 초라한 연구소 김 소장은 친절히 나를 맞이해 주었다.

"어서 오십시오. 교수님 전화 받고 기다리고 있었습니다."

"저는 아무 것도 모릅니다."

≪친일 문학론≫을 쓰신 임종국林鍾國 선생의 곧은 기개氣槪를 기리기 위하여 최근에 설립했다는 이 연구소는 전임강사급이나 대학원생 쯤의 패기에 넘친 젊은이들이 주축이 되어 있었다. 그 반짝거리는 눈동자에서 늦게나마 민족의 섬광閃光을 본 것 같아 마음 든든하였다. 비록 프랑스의 친독분자 관계는 아무런 소득 없이 돌아서야 했지만 나도 자료회원이라도 되겠노라고 가입을 하였다.

그건 그렇고, 이 문제를 해결하기 위하여 이제는 동료들에게 직접 묻기 시작하였다. 불문과 교수며 사회과학 하신 분들에게 아는 자료가 있는가 수소문하였다. 한 분이 언젠가 MBC 텔레비전을 보았더니 '반민특위' 드라마를 하는데 마지막 회에 프랑스의 예를 말하더라고 했다. 나는 전화번호부에서 MBC의 해당될 만한 부서들로 문의하였다. 90년도 8·15 특집 드라마로 '반민특위'를 했다는 것을 확인하였다. 그 필름을 다시 한번 볼 수 없느냐고 했더니 자기들은 한번 상영하면 그 뒤는 그것을 취급하는 비디오 상회로 넘긴다고 했다. 일러준 그 상회로 전화했더니 관람은 불가하고 판매는 가능하다고 한다.

마지막 회의 그 한마디를 듣기 위하여 그 많은 세트를 살 수도 없고, 또 우리 집에는 비디오를 상영할 장치도 없어서 머뭇거리다가 포기하였다. 설사 그 말이 있다한들 드라마에서 나온 한마디를 학술 전문서적에 인용할 수도 없을 것 같아서였다. 그래도 미련이 남아서 국립중앙도서관 비디오 자료실을 찾아갔으나 거기에는 비치되어 있지 않았다.

이번에는 다른 자료를 직접 찾아보기로 하였다. 먼저 내가 가지고 있는 이와나미岩波 판 30권짜리 ≪세계역사≫에서부터 시작하여, 우리 학교 도서관, 서초동 국립중앙도서관, 남산 시립도서관 들을 뒤지기 시작하였다. 그런데 생각지도 않게 시립도서관의 한 서가에서 나의 갈증을 상당히 해갈시켜 주는 평범한 한권의 책을 발견하였다. 장 카르팡티에가 쓴 ≪프랑스인의 역사≫ (주명철 옮김)에 그 내용이 담겨져 있지 않은가. 앞에서 내가 신문에서 보았던 걸로 기억하는 내용과는 약간 달랐다. 그 내용은 다음과 같다.

"1944년 8월 25일 파리를 해방하면서 즉결처분 9,000여 명. 그 다음 9월 15일 특별 재판소를 창설하여 정규재판에서 유죄판결을 받은 자는 38,266명. 이 중 2,853명이 사형언도를 받아 76명이 처형됨. 그 뒤 비시Vichy 체제와 대독협력에 동조한 자들이 부역죄로 고발된 자는 약 50,000명…."

다른 자료들에서 최초로 파리 입성을 한 부대는 레클레르 장군 휘하의 제2기갑사단이란 것도 알았다. 그러니 즉결처분은 일개 사단장의 직권으로 현행범으로 잡아 총살시킨 것이다. 노르망디 상륙작전에서 별 발언권이 없었던 드골은 파리 입성만은 반드시 프랑스군이 선봉에 서야 한다고 우겼고, 그것은 기어코 실천에 옮긴다. 그러나 여전히 루즈벨트와 처칠로부터 수없이 모욕을 당하였고 그 때마다 드골은 당장 권총을 빼들고 결투라도 할 듯이 프랑스의 자존심을 지켰다는 이야기는 너무나도 유명하다.

그런데 이상의 처벌은 프랑스가 해방되던 당시의 일이고, 알고 보면 그들은 그때의 더러운 상처를 도려내기 위한 재판을 지금도 계속하고 있다는 것이다. 지금도 게슈타포를 잡으면 법정 최고형을 때리고 있고, 법적인 유효기간도 없이 반민족주의자를 용서해서는 안 된다는 원칙을 세우고 있다.

나는 역사문제연구소가 주관하는 '친일파 민족반역자 열전' 발표회를 계속 청취하였다. 담담히 그러면서도 약간 상기된 듯한 어조로 발표하는 발표자들의 내용을 경청하면서 나도 모르는 사이에 몸서리를 쳤다. 그 중에서 이광수, 최남선의 반민족 행위를 발표하던 임 선생께서 프랑스는 지금까지 전 국민의 0.5%에 해당하는 무려 16만 명을 유죄판결하였다는 말을 해주었다. 나는 임 선생께 그 자료를 일러달라고 했다. 그는 중앙일보 기자 길 아무개가 쓴 무슨 책에서 보았는데 저자명이며 책명이 확실히 떠오르지 않는다고 하였다. 나는 중앙일보로 전화하여 기어코 그 기자를 찾아냈다. ≪역사에 다시 묻는다

— 반민특위와 친일파 —≫ (삼민사)를 쓴 길 기자라는 분은 친절히 전화를 받아주었고, 자기도 그 관계는 오직 한 줄 정도로 언급했을 뿐이라면서 집 앞까지 와서 친히 그 책을 전해주겠다고 했다. 아니나 다를까 그는 약속한 날 전화를 걸어 주었고 자기의 책을 손수 가지고 와서 건네준다. 그 책에서 언급한 내용은 다음과 같다.

"2차 대전 후 프랑스는 2천 71건의 사형을 선고했으며, 3만 9천 9백 명이 징역형의 판결을 받았다."

앞에서 임 선생이 퍼센트며 인원수까지 제시한 것은 다른 데서 보고 길 기자의 책으로 착각했다는 것을 알았다. 유난히 눈이 살아있는 길 기자는 자기의 책이 아주 부정확하다며 몇 번이고 사양의 말을 한다. 그러면서 프랑스 대사관에 자료협조 요청을 하면 가장 정확할 것 같다고 한다. 그러나 거기에 대한 전문 논문을 쓸 것도 아니고 단 한마디의 말을 확인만 하면 되는 문제라서 남의 국력까지 동원하는 문제는 너무 염치가 없어서 할 수가 없었다.

됐다! 이런 정도 알았으면 프랑스의 종전 후 반민족주의자의 처벌상황을 어느 정도 안 것 같다. 덕분에 나는 이 기회를 이용하여 많은 책을 읽었다. 맨날 어려운 외국어 책만 보다가 술술 읽어 갈 수 있는 우리말 책을 모처럼 실컷 보기도 하였다. 여하튼 1만 명 즉결처분, 1만 명 사형설은 나의 착오인 것 같고, 이상의 내용과 다른 자료들을 종합하여 보건데 다음과 같은 결론을 내릴 수 있었다.

'즉결처분 9천여 명, 재판에 의한 사형 집행 2천여 명, 유죄 판결로 투옥시킨 자 4만여 명.'

이번 기회에 나는 너무나 많은 것을 안 것 같다. 특히 친일파 처벌 문제에 대해서는 우리의 역사가 완전히 거꾸로 되었다는 것을 다시 확인할 수 있었다. 민족반역자는 반드시 처벌하여야 한다고 주장하던 반민특위 위원장 김상덕, 이승만의 방해공작에 분노를 터뜨리고 성명을 발표하던 특별 검찰관 노일환, 특위 제 1조사부장 이병홍, 이런 분들이 누구인지 나는 지금도 모른다. 아마 대쪽같은 우리 선조들이신 것 같은데 백과사전을 찾아도 이분들의 이름은 나오지 않는다. 그 대신 친일주구들은 찬란한 사진과 함께 별스럽게 미화되어 기록되어 있다.

또 상상외로 이런 관계를 소상히 아는 사람이 없다는 것도 알았다. '친일파 민족반역자 열전'의 발표가 우리나라에서 처음으로 열리고 있는 데도 교수는 아무도 듣는 사람이 없다. 겨우 삼사십 명의 인원이 옹기종기 앉아서 듣고 있는데 그중 절반은 일반인들이고 절반 정도는 학생이며 노인들이 몇몇 끼여 있을 뿐이다. 교수나 학자는 그런 것을 다 알고 있어서 그런지, 아니면 점잖은 사람은 그런 것을 들어서는 안돼서 그런지 모르겠다.

우리는 친일파를 처단하기는 커녕, 실은 지금도 친일파들에게 그 때의 독립투사들이 쫓기고 있는 것이다. 그래서 40년이 넘도록 감히 친일파 처단을 공개적으로 입 밖에 내지도 못했던 것이다. 87년 6월 민주항쟁 이후에야 겨우 한겨레신문에서 지금까지의 진실을 말하기 시작했고 예의 역사문제연구소나 반민족문제 연구소 같은 국민의 편에 선 학회가 나오기도 한다.

너무나 늦었다. 거의 반세기가 지나서야 지금도 조심스럽게 말을 꺼내야 하는 이 나라 풍토는 어떤 풍토일까. 친일주구 문제가 아직도 반민특위 수준에서 맴돌고 있는 이 학문 풍토는 또 어떤 풍토일까. 나는 몇 번이고

"위대하도다. 프랑스 국민이여!"

를 되풀이하였다. 그들이 그런 살신의 대수술을 거쳤으니 망정이지 지금도 친독분자들이 버젓이 살아 있다거나 그들이 프랑스 정권을 쥐고 큰소리 치고 있다면 우리가 과연 그들을 어떻게 볼까.

역사는 우리만의 것이 아니다. 역사란 천만년 우리 후손에게 남겨 주어야 할 유산이다. 건국! 그까짓 것 10년 20년쯤 늦기로서니 무엇이 그리 대수인가. 알고 보면 지금이라도 늦지 않다. 이제라도 청산해야 할 것은 청산해야 한다. 그렇지 않으면 우리 후손은 일제시대의 우리 선조보다 지금의 우리를 더 멸시할지 모른다.

(1992. 5)

숫돌

나는 도심에 살면서 시골 장터가 그립다. 그래서 가끔 동대문 시장이나 남대문 시장을 한바퀴씩 돌고 들어온다. 집에서 필요한 물건들을 미리 메모해 두었다가 한꺼번에 사러 가기도 한다. 수도꼭지의 바킹이며, 의자다리에 낄 고무, 나사 돌리는 펜치, 수도꼭지 크기에 맞는 호수 등. 그런데 나는 시장을 갈 때마다 있으면 사고 싶어서 두리번거리는 것이 하나 있다. 숫돌이 그것이다.

주택가에 돌아다니며, 기계로 빙빙 돌려서 갈아주는 것 말고 진짜 숫돌이 갖고 싶었다. 철물점이며, 칼 갈러 다니는 아저씨며, 가릴 것 없이 알 만한 사람을 만나면 숫돌을 살 수 있는 길을 물어 봤다. 대개는 아무런 도움이 되지 못했으나 그 중에서 가장 신빙성이 있는 말이 시골장터에 가면 가끔 나온다는 것이었다. 언젠가 서울 주변의 시골 장날을 알아서 찾아가 보려 했으나 그것이 그리 쉬운 일이 아니었다. 그런데 남대문 시장에서 우연히 진짜 숫돌을 발견하였다.

어느 점방 앞에서 분명 숫돌이 놓여 있는 것을 본 것이다. 나무 받침목 위에 길죽하고 날렵한 숫돌이 경사지게 놓여 있고, 칼을 갈았는지 상당히 길이 나 있고, 받침목에는 갈린 돌물이 시컴둥둥하게 물들어 있는 것이 제법 시골 풍치가 난다. 나는 어찌나 반가웠던지 여기서 숫돌을 파느냐고 물었다. 어떤 순박한 아저씨가 나오더니, 숫돌이 세 개나 있으니 골라서 사가라 한다. 그러면서 그 아저씨의 표정은 밝고 무엇인가를 자랑스러워하는 것 같은 느낌이다. 드디어 알아주는 사람을 만났다는 만족한 표정이다. 내가 꼭 살 것 같이 달려들자 설명이 자자하다.

"이 숫돌은 이번에 전라도에 가서 특별히 맞춰 온 것이지요."

그 점방은 그 아저씨의 점방 같지도 않고 인삼가게 앞부분을 약간의 세貰를 주고 빌려 쓰고 있는 듯하였다. 궤짝 밑에서 숫돌을 꺼내면서 가격은 좀 비싸다고 미리 엄포를 놓는다.

꺼내는 새 것을 보니 좀 실망스러웠다. 어느 건축 공사장에서 주운 것도 같았다. 나는 굳이 앞에 전시용으로 놓인 것을 달라고 했다. 그 아저씨는 그것은 안 된다고 하더니, 내가 달라는 가격을 모조리 다 주겠다고 하자 오히려 만족해하며 가져

가라고 한다. 나는 받침대는 어떻게 하느냐고 물었다.

"받침대는 아무 것이나 각목角木을 하나 구해서, 이렇게 톱으로 썰어서 이렇게 못만 박으면 되지요."

"아저씨야 각목 구하기가 쉬울지 모르지만, 저는 아파트 지역에서 어디서 각목을 구하지요?"

"허어 참, 이 양반이!"

그러면서도 연방 만면에 웃음이 가득하다. 차분히 쪼그리고 앉아서 만지작거리고 있는 나를 보며 동지를 만났다는 희열을 느끼는 표정이다. 희열로 말한다면 나야말로 그 아저씨의 몇 배를 맛보고 있는 중이었다. 명창名唱이 제대로 고수鼓手를 만난 격이었다. 받침목은 안 된다는 것을 기어코 달라고 하자, 그 아저씨는 힘껏 부르는 기분으로 가격을 불렀고, 나는 부르는 가격을 그것밖에 안되느냐는 식으로 얼씨구나 하고 달라고 했다. 설마 했던 그 아저씨는 이제 안 점방에서 우리 흥정을 구경하러 나온 사람들을 쳐다보며 자랑삼아 말소리도 더 크게 하며 보라는 듯이 싱글벙글이다. 아마 안 점방 사람들은 "여보세요. 그런 것을 누가 사겠습니까?"하며 놀려댔던 듯하다. 그 아저씨는 "보세요. 이렇게 임자가 나타난다니까요"하는 표정으로 그들에게 자랑하고 있는 거동이었다.

신문지로 둘둘 말아서 비닐봉지에 넣어 준 숫돌과 받침목을 들고 점방을 나선 나는 어찌나 만족스러운지 집으로 오는 차를 금방 탈 수가 없었다. 한 정거장의 거리를 걸으며 오늘의 쾌거를 한참 재음미하다가 명동역에서 전철을 탔다.

집에 가지고 와서는 어린애처럼 좋아하며 부엌의 식칼을 꺼내 시험해 보았다. 항상 어머니, 누나들에게 잘못 갈아주어 미안했는데, 아내에게라도 잘 들게 갈아주고 싶어서였다. 그런데 웬일인가. 집에 돌아와서 갈아 보니 돌이 너무 단단해서, 내가 찾던 옛 정의 그 숫돌은 아니었다. 이제 진짜는 영영 사라지고 마는 것인가.

내가 자란 시골 마을에는 경남이네 집 감나무 밑에 숫돌이 두 개가 놓여 있었다. 아버님이 일찍 돌아가시고 위로 형이 없는 우리 집에서는 어려서부터 유일한 남자 몫을 내가 맡아야 했다. 나는 낫을 갈러 경남이네 집까지 간다. 사립문 입구쯤에 놓여 있는 그 숫돌은 동네 사람들이 어찌나 갈아댔던지 활처럼 닳아져 있었고 받침목 밑으로 초콜릿 색 돌물이 온통 덩어리져 묻어 있었다. 두엄 옆에 매여 꼴을 먹고 있던 황소는 방울소리를 울리며 몸에 붙은 쇠파리를 가끔 쫓고 그 큰 눈으로 사람을 말똥말똥 바라본다. 비 온 뒤에 낫을 갈 때면 감나무 잎에 얹혀 있던 굵은 물방울이 떨어져 등이고 머리고 차가운 물기가 배어들곤 하였다. 칼을 갈면 돌물이 묻어 나왔고 손에 물을 묻혀 방울지워 물을 치면 돌물이 희석되며 우유빛 새물이, 갈린 돌물 사이로 꿈틀거리며 내려간다. 그런데 아무리 갈아도 내가 간 것은 잘 들지 않았다. 옆에서 다른 총각들이 가는 것이나, 남의 집 실머슴이 가는 것을 보면 어찌나 능숙한지 부럽기 한

량없었다. 잘 갈린 낫은 오른손 엄지 손가락으로 날을 가만히 옆으로 쓸어 보면 파르르 떨리는 느낌이다. 잘 갈리지 않은 것은 느낌으로도 미끈한 것이 횡으로 밀어 보아도 아무렇지도 않다. 나는 아무리 갈아도 날이 서지 않았고, 날이 섰다가도 반대쪽을 갈면 다시 날이 죽어 버리곤 하였다.

나는 실은 성인이 되어서 일본 유학시절에 처음으로 칼가는 방법을 배웠다. 아르바이트하던 집의 일본 아저씨가 주방에서 가르쳐 준 것이다. 알고 보니 한 쪽만 가는 것이었다. 약간 경사진 쪽을 갈고 반대쪽 직선으로 된 곳은 날이 너무 갈려 그 쪽으로 넘어가지 않게 두서너번만 숫돌에 문질러 주면 된다. 나는 어려서는 그 요령을 끝까지 터득하지 못했고 누가 가르쳐 준 적도 없었다.

나는 연필을 깎을 때도 항상 내가 간, 안 드는 낫이나 무딘 부엌칼로 깎았다. 어머니가 장에서 사다 준 그 조잡한 연필을 무딘 연장으로 깎으면 '쭉!' 찢어지거나 '뚝!' 부러지기 일쑤였고, 그럴 때마다 가슴이 철렁하고 가라앉았다. 물론 아까운 연필이 짧아지기 때문인 것은 말할 나위도 없지만, 손을 벨까봐서도 그렇다. 실제 여러 번 손을 베기도 하였다. 그럴 때면 헝겊으로 둘둘 감아서 질끈 동여매곤 하였다. 그런데 윗집 제휘의 연필은 물찬 제비처럼 날씬했다. 자기 아버지가 면도를 하려고 하루종일 갈아 둔 칼로, 자기 할아버지가 깎아 준 것임을 알았다. 그래도 나는 기어코 혼자 힘으로 연필을 깎아 1, 2 센티가 남도록 썼고, 마지막까지 침을 묻혀 꼭꼭 눌러 썼다.

어느 쾌청한 여름 날, 그때가 국민학교 4, 5 학년 때쯤 됐을 것 같다. 일찍 학교에서 돌아오자 어머니는 내가 갈아 둔 그 잘난 낫들을 챙겨 누님들과 버드나무가 있는 서마지기 밭에 보리를 베러 가며 나더러도 따라오라고 하셨다. 보리밭에 이르니 보리는 무르익어 황금빛 물결을 치고 있었다.

밭보리는 논보리와 달라 흙이 퍼석퍼석하기 때문에 뿌리채 잘 뽑힌다. 그러면 발로 밑둥을 밟고 다시 베어야 하는데, 방법을 모르는 나는 뽑힌 보리를 왼손으로 들고 힘껏 낫으로 쳤다. '앗'하는 사이에 내 왼손 새끼손가락이 잘려 한 쪽으로 잦혀졌다. 잘린 곳에서는 처음에는 하얀 뼈가 보이더니 잠시 후에 피가 물 흐르 듯이 쏟아진다. 집안 식구들은 일제히 비명을 질렀고, 내 얼굴도 새파랗게 질렸다. 그 길로 어머니는 정신없이 나를 데리고 산고동 재를 넘어 능주 보건소로 달렸다. 영벽정 다리께에 와서는 다리 끝 외딴 점방에서 빵을 사주며 맛을 알겠느냐고 묻고 '정신차리라'는 식으로 얼굴을 쳐다보신다.

그 뒤로 며칠만에 한 번씩 재를 넘어 보건소를 다니며 치료를 받았다. 간호원인성싶은 처녀가 피로 말라붙은 거즈를 떼느라 애를 썼고, 그럴 때마다 무척 아팠던 기억이 생생하다. 바르는 것은 '아까징끼赤丁幾' 하나밖에 없었다. 지금 같으면 잘린 부분을 잘 맞추어서라도 동여맸어야 하는데, 그 무책임한 사람들이 아무렇게나 묶어 매 두기만 한 격이어서, 붙긴

했어도 내 왼손 새끼손가락은 지금도 빼뚝하게 구부러져 있다. 이 손가락을 누가 볼까봐 항상 주의를 하고 얼른 손을 감추는 것이 습관이 되어 있다.

숫돌은 나에게 이런저런 추억들을 가지고 있는 정든 물건이다.

(1991. 12)

국교 동문회

주례를 아직 설만한 나이는 아니라고 생각하는데 국민학교 동창 ㅇ의 아들이 일찍 결혼한 통에 나에게 차례가 돌아왔다. 혹 내또래의 다른 선생님들은 주례를 서는 일도 있는 모양인데 여학교에 있는 나는 영 차례가 돌아오지 않는다.

신랑은 주례를 모셔오는 것을 남자의 특권처럼 생각하고 있는지 꼭 자기 선생님이나 자기 쪽에서 모셔오지, 여자 쪽에 좀처럼 양보하려 들지 않는다. 이번도 남자 쪽에서 나에게 신청이 들어 온 것이다. 나는 약간 사양하다가 이내 승낙하였다. 실은 나도 한번 주례를 서보고 싶은 장난기 비슷한 충동이 발동한 것이다.

나는 의젓하려고 열심히 노력하였다.

"신랑 ㅇㅇㅇ군의 아버지와 저는 죽마고우입니다. 철없이 뛰놀던 때가 엊그제 같은데 지금 우리의 2세들이 완전한 한사람 몫을 하겠다고 나서고 있는 장한 모습을 보고 있습니다……."

국민학교 동창이 서너 명 서울에 산다는 말은 들었지만 한 번도 만나보지 못하였는데 ㅇ만은 십여 년 전 내가 귀국하였을 때, 아직 전임도 아닌 나를 학교까지 찾아와 주었다. 무척이나 반가웠고 세월의 무상함도 느꼈다. 그 뒤로 그래도 ㅇ과는 일 년에 한 두 번씩 전화를 하여 목소리도 듣고 까마득하게 잊어 버렸던 고향 소식도 듣곤 하였다.

위층에 마련된 피로연석에서 나오려는 참에 낯익은 여인을 만났다. 한복을 입고 키가 훤칠하게 큰 시골 아주머니인데 어디서 많이 보던 얼굴을 하고 활짝 웃고 서있다. 마치 내가 누구인지 알아 맞추어 보라는 식으로…. '이 여자가 누구더라?' 나는 삼십여 년 전 기억을 열심히 더듬고 있었다. 나의 표정이 답답하였던지 옆에 있던 역시 국민학교 동창 ㄱ이 거들어 주었다.

"ㅇ이 동생 옥희 아니냐?"

"옥희? 맞아. 네 이름이 옥희였지."

이제 보니 분명 옥희였다. 이 애는 시골 아이답지 않게 키가 컸고, 웃는 입술이 유별나게 이뻤다. 내가 '칭기동[淸溪洞]' ㅇ이 집에를 놀러가면 옥희는 마당에서 고무줄 놀이도 하고 있었고 나물을 캐가지고 들어오기도 하였다. 나는 그애가 무척 귀엽다고 생각했었고, 지금 생각하면 그 아이를 분명히 좋아하고 있었던 것 같다.

어디로 시집을 갔느냐고 묻는데, 옆에서 또 다정한 웃음을 웃고 서있는 어느 농부차림의 남자가 있다. 의미있는 웃음을 웃고 서로 마주 보는 것을 보니 분명 둘이가 부부였다. 그런데 그 농부는 이름은 기억나지 않지만 '가욱재[加屋峙]' 사람이다. 나보다 국민학교 1, 2년 밑인 것 같다. 내막인즉, 옥희는 '칭기동'에서 내 고향 뒷동네 '가옥재'로 시집을 간 것이다.

옥희는 한참 만에 다른 일손을 거들어야 하는지 군중 속으로 사라져 갔다. 지금쯤 며느리도 보았을지 모르는 키 큰 아이의 뒷모습을 물끄러미 바라보며 깊은 상념에 잠겼다.

그 자리에서 나는 또 다른 삼십년 전, 사십년 전에 알았던 아주머니 아저씨들의 거친 손을 잡고 굳게 흔들어 주었고, 누구의 누구라고 하면, 낯익은 그 얼굴을 마주 보며 그러냐고 반갑게 대해 주긴 하였으나 하나도 확실한 기억은 없다. 그때는 불과 내 또래거나 나보다 조금 위였던 아이들이었으련만 지금은 깊게 파인 주름살이며 붉게 탄 얼굴의 농민인지라 아무리 옛일을 더듬어도 얼굴만 익을 뿐, 사람 이름도 동네 이름도 모르겠다. 아마 그 때도 그와 비슷하게 지냈을 것이고, 단 말을 한번도 건네지 않아도 뉘집네 누구라고 하면 다 아는 한골 사람이었음은 분명하다.

나는 그 길로 ㄱ과 함께 국민학교 동문회 장소로 길을 떠났다. 어제 저녁에 전화도 받았고 방금 예식이 시작하기 직전에 아래층 커피숍에서 회장(2회) 총무(5회)라는 분과 인사도 나눴지만, 나는 꿈을 꾸고 있는지 어느 환상의 세계를 헤매고 있는지 분간키 어려웠다. 내가 국교 7회라는 것도 처음 알았다.

삼십여 년 만에 만난 ㄱ은 택시를 잡자며 앞장서서 걷는다. 뒤도 안돌아 보고……. 이렇게 기억이 가물가물할 때 처음 만나서 이처럼 떨어져 걸어도 되는가.

대방역 앞 식당을 들어 서려는데 '○○××회' 라고 써진 먹물이 짙은 모조지가 붙어 있다. 이 말의 의미를 서울에서 그 누가 알까. ○○이란 ○○국민학교란 뜻이고, ××란 ○○면에 있는 산이름이니 그 산간 벽지의 이름을 알 사람은 아무도 없을 것같다. 자리에 들어서니 열댓 명의 남녀 노인들이 (나에게는 분명 노인들로 보였다) 옹기종기 앉아서 우리를 반긴다.그들은 1회에서 6회까지의 동문이고, 7회는 ㄱ과 나 뿐이다. 한 회의 졸업생이 열명 안팍이니 이 정도 서울에 진출한 것만도 대단하다. 얼굴들을 보니 두서너 명만 모르겠고 나머지는 모두 어렸을 때 보던 얼굴이다. 단 동네를 기억하지 못하겠고 이름을 모르는 것 뿐이지 한고을 사람이란 것을 피부로 느낄 수 있었다. 그들은 두 달만에 한번 씩 모인다고 했다. 나더러도 이 뒤로 계속 참석할 수 있는지 서약을 하라 하였다. 나는 일어서서,

"솔직히 말해서 매 회 참석은 자신이 없고, 기회가 닿으면

다시 참석하겠다."
라고 했다.

나도 모르게 좀 기피증이 들어서 한자락을 깐 것이다. 내가 소극성을 비치자 좌석은 실망하는 눈초리가 역력했다. 내가 왜 그랬을까. 이 모임에는 하늘이 두 쪽이 나도 꼭 참석하겠노라고 약속을 해 주었더라면 그 분들이 얼마나 좋아 했을까. 그러나 분명 나는 안에서부터 강한 거부 반응이 일어나고 있었음을 솔직히 말해야겠다. 꿈에도 그립던 어린 시절이련만, 어린시절의 세계를 막상 갑자기 현실로 대하니 불현듯 싫음증이 엄습해 옴은 또 어인 까닭일까. 일이 있다며 자리를 일어섰다.

나는 시골의 침체된 늪이 싫었었다. 나는 그 정지된 생활에서 헤어날 것을 항상 궁리했고, 그 움직이지 않는 기차에서 뛰쳐나오지 못하면 죽는다고 생각했었다. 반가운 고향사람들을 만났지만 반가움에 앞서 그 옛날의 나래를 펴지 못하고 퍼덕이던 자신의 모습을 보는 착각을 한 것이다.

식당을 나서니 초겨울의 차가운 바람이 코끝을 스치고 지나간다. 하늘을 쳐다보니 겨울밤 초저녁 하늘이 맑다. 나는 시원한 맑은 공기를 깊이 들이마셨다가 내뿜었다. 그리고는 급히 정거장으로 발길을 옮겼다.

(1991. 12)

코스모스 마음

계절이 바뀌나 보다. 예년보다 일찍 여름이 가는지 아침 산책길의 반바지 다리가 서늘하다.

강가에 심어 놓은 초가을 꽃들이 만개했다. 그 중에도 눈에 띄는 것은 칸나와 코스모스.

칸나는 짙붉게 타오르는 불꽃 같은 넓직한 꽃판을 덩어리져 달고, 잎도 시원스럽게 넓직한 것이 아주 이국적이다. 그 바로 옆을 잇는 코스모스 밭은 사뭇 분위기가 다르다. 가느다란 줄기에 자잘한 잎들을 피우고 가을 바람에 한들거리는 것이 애수에 찬 듯, 향수에 젖은 듯, 호화로움과는 아주 대조되는 소박함이요 청초함이다. 부잣집 아들을 보다가 갑자기 청빈한 선비의 아드님을 대하는 그런 기분이다. 코스모스는 꽃도 눈부시게 빨갛거나 파랗지 않고 발가스레한 연한 색깔이다. 차마 마음이 여리어 진붉은 색깔을 내지 못하고 하얀색을 많이 가미하여 더 부드럽고 더 다정하고 우아한 색깔을 낸 것이 분명하다.

나는 어려서 기차역이 있는 큰 면面에 나오면 철길 옆에 한들거리는 코스모스 보기를 무척 좋아했다. 또 읍내로 가는 신작로 길 옆에 코스모스가 하늘거리는 것도 좋았다. 그러고 보니 코스모스는 항상 길을 끼고 있었고 그럴 때마다 나는 철길 끝까지 이어지는 하늘을 응시했고, 한길 끝 작은 등성이의 흰 구름에 마음을 실어 보내곤 했던 것 같다.

진빨강은 한국인의 성미에 맞지 않는 것 같다. 진빨강의 베고니아는 아름답지만 어쩐지 이질감을 느낀다. 비슷한 듀겐베리아도 그렇고, 가운데 진노란 꽃술이 인상적인 마가렛도 그렇다. 아름답다고는 느끼지만 더 가까이 하기에는 내 것을 배신하는 것 같은 느낌을 준다. 화려한 중국 비단이나 일인의 기모노 무늬가 아름답지 않은 것은 아니지만 그보다 더 좋은 것은 우리의 진달래빛 색동 저고리요, 누르스름하고 노란끼 나는 명주, 모시, 삼베 옷이 더 다정스럽게 느껴진다.

영국의 장미, 인도의 앵속화보다 우리나라의 무궁화는 하얀색이 훨씬 더 많아서 좋다. 나는 우리의 국화國花를 무궁화로 정한 내막을 모른다. 세계 무대에 내 놓았을 때는 좀 불만스러운 꽃이기도 하다. 왜 다른 나라처럼 좀더 정열적이고 강한 인상을 주는 꽃을 정하지 못하고 색도 그렇고, 일시에 활짝 피지도 않은 꽃을 정했을까.

그러나 국화를 정하면서 어떤 사람이 앵속화나 장미로 하자고 했다면 그 자리에 모인 사람들이 모두 고개를 갸우뚱 했으리라. 그것은 설명을 기다릴 필요도 없이 우리 민족을 상징하는 꽃이 아니란 것을 모두 피부로 느낄 것이기 때문이다. 우리 민족은 잔인하지 못하다. 맺고 자르고, 공격하고 보복하고 하는 강기가 약하다. 그와 같은 국민성이 국가를 위해서는 꼭 있어야 하는 것인데, 천성이 착하기만 하고 잔인하지 못하니 이를 어찌하랴.

나는 우리가 좀더 강한 국민성을 가지지 못함을 불만으로 여긴 적이 많다. 일본인은 가기의 뜻한 바가 이루어지지 않으면 기꺼이 할복割腹도 불사한다. 그것도 국가 대사의 문제가 아니고 친구간의 의리문제 같은 작은 일로도 기꺼이 죽을 수 있는 민족이다. 그런 근성으로 미국까지 쳐들어 갔는지 모르지만……. 그런가 하면 미국 국민은 천성이 무엇인가 죽이기를 좋아하는 것 같다. 인디안에서부터 시작하여 자기와 별 상관도 없는 나라에 쳐들어가서 쑥밭을 만들어버리고 돌아오는가 하면, 누가 자기의 공관원이나 시민을 인질로 잡고 죽이기라도 하면 보복 폭격이라고 하여 전혀 상관도 없는 한 도시를 짓이겨버리기도 한다. 어떤 면에서는 통쾌하기 그지없다. 그렇지만 누가 나에게,

"미국이나 일본에서 영원히 살기를 원하느냐?"

고 묻는다면 나는 단연,

"아니오."

라고 대답할 것이다. 그 인정머리 없고 계산적이고 남을 믿지 못하는 그런 세상이 나는 싫다.

그러나 우리 민족이 잠재력을 가지고 있다는 것을 나는 믿는다. 을지문덕 장군이 세계에서 가장 강한 침략자 수나라를 막아내던 일이며, 우리와 같은 알타이계통의 몽골이 지도상에 나타난 모든 나라를 다 삼키려 했던 역사를 알고 있기 때문이다. 우리는 그런 잔인한 침략성을 잠재하고 있을 뿐, 물 맑고 공기 좋고 사계절이 분명한 나라 환경이 국민성을 시적이고 평화스럽게만 만들었나보다. 그러니 진홍의 체리보다는 발가스레한 앵두가 좋을 수밖에 없다.

우리가 진달래를 그처럼 좋아하는 것도 그런 이유에서이다. 무궁화나 진달래는 처음부터 붉은 색이 아니고 하얀 바탕에 붉은 색을 가미한 색이다. 그러니 그 꽃의 원요소는 백색인 것이다. 여자라면 자기를 숨기는 수줍고 청순한 색이며, 남자라면 겸손하면서도 교양있는 동안童顔의 색이다.

높고 푸른 가을 하늘은 짙푸른 남색이 아니다. 가을의 하늘색은 흰 바탕에 푸른 색을 가미하여 만든 '흰 푸른 색깔' 그것이다. 가을 하늘을 향하여 한들한들 춤추는 코스모스, 그것은 하늘과 꽃이 어우러진 한 폭의 조화로운 한국인의 마음이다.

(1991. 8)

진달래 물결

우리 등산반은 한 달에 한 번 정도 도봉산을 오른다. 인원은 다섯 명 정도로 고정된 숫자이고, 여기에 한두 명이 더 보태지기도 하고 줄기도 한다. 이분들은 우리 학교 교수협의회 창립 회원들이다.

87년 '6월 민주항쟁'의 기운을 타고 착하고 말 잘 듣기로 유명한 우리 여대女大에도 민주화 바람이 불었다. '민주'라는 말만 들어도 신변의 위협을 느끼고 천리나 도망가던 분들도 학생들의 6월 항쟁 덕분으로 정권이 무너지자 조심스럽게 한 발짝씩 다가와 주었다. 자치적인 교수협의회를 조직하자는 서명을 받을 때는 3분의 2가 서명을 하는 대성과를 올리기도 하였다.

그러나 또 다시 어두운 먹구름이 끼고 6공의 군정으로 이어지자 모였던 분들이 서서히 흩어지기 시작하였다. 그래서 우리의 요구로 시작됐던 민주학칙 하나도 결말을 맺지 못하고 지지부진하게 되었다. 이제 모이자 해보았자, 우세만 살 것 같아서 교수협의회는 아예 소집도 못했다.

창립 회원들은 등반을 시작하였다. 주요 인원은 다섯 명이었고, 장소는 항상 도봉산으로 하기로 하였다.

모임의 이름은 처음에 누가 농담조로 '×× 민주산악회'로 하자고 했다가, 그 이름은 어느 정치인이 조직한 산악회와 이름이 같으니 다른 이름으로 하자고 하였다. 그런데도 이제껏 다시 명명 문제로 재론한 적이 없으니 그대로 통용되고 있는 셈이다.

산은 항상 좋았다. 답답한 심사를 풀 길 없을 때, 산은 넓은 가슴으로 우리를 안아주고 위로하여 주었다.

도봉산은 코스가 여럿이어서 좋다. 아무데나 무작정 걸어도 다 좋고 어느 때 올라도 좋다. 겨울에 눈 덮힌 산의 정경은 일색이다. 비가 올 때는 그 나름대로 꿈 속을 헤매는 것 같은 절경이다. 한여름에는 땀을 뻘뻘 흘리고 개울가에서 족탁을 하며 점심을 먹는 묘미는 도화지경이다.

도봉산의 경치에서 내가 가장 좋아하는 것은 '희망봉'이다. 물론 이 이름도 우리가 지은 것이지 어느 지도에 있는 이름은 아니다. 도봉산 우측 입구로 한참 오르다 보면 두 갈래 길이 나온다. 우측 길은 큰 바위들을 넘어가는 묘미가 있고 망월사

가기에는 좋지만, 상봉을 가기에는 좌측 길이 좋다. 좌측 길로 약간 가파른 길을 오르다 보면 이제 상당히 피로를 느낄 즈음까지 온다. 바로 그때 한 바위 언덕을 넘게 되는데, 그 언덕을 올라서면 도봉산 최고의 절경이 안전에 전개된다. 홀연히 시선이 열리며 장관의 풍경이 갑자기 나타나는 곳이다. 하늘을 찌를 듯한 자운봉 바위의 위용을 감상하기에 가장 알맞은 거리에 온 것이다. 물안개가 자욱이 끼어 바람에 걷히며 나타나는 전경은 내가 가장 존경하는 인물을 우러러보는 듯 든든하고 자랑스러운 모습이다.

우리는 거암巨岩을 바로 앞에서 바라볼 수 있는 그 언덕을 '희망봉'이라 이름하자 하였다. 그런데 이 이름도 바스코 다 가마를 연상하는 아프리카 남단 곶串과 이름이 같으니 다른 이름으로 하자고 하였으나 역시 재론한 적은 없다.

진달래꽃이 만발할 때면 꽃의 변화를 관찰하는 것도 여간 재미있는 것이 아니다. 산 밑은 벌써 꽃이 지기 시작하는데 중간쯤에서는 이제 활짝 피어 있으며 상봉에는 아직도 꽃망울을 머금고 있다.

하산 길을 성도원成道園 쪽으로 잡고 내려오니 거북 샘이 나왔다. 커다란 바위가 조그만 받침석에 몸을 기대고 입을 벌리고 있고, 그 안으로 들어가니 보이지도 않은 곳에서 졸졸졸 물 흐르는 소리가 가느다랗게 메아리친다. 물 소리를 따라 표주박을 들이밀어 보니 물에 표주박이 뜨는 느낌이 온다. 하나

가득히 떠서 맛을 보니 가슴까지 저려오는 시원함이 천하일품이 아닌가.

우리는 거북바위 앞에서 휴식을 취하며 이야기에 열중하였다. 그러다 눈을 들어 산천을 보니 진달래가 만개滿開하였다. 어찌나 탐스럽게 많이 피어 있던지,

"나는 저 꽃이 지도록 며칠 있다 갈 테니 먼저들 내려가시오."

라고 하였더니, 내 시적詩的 감각이 좋다고 모두 칭찬을 한다. 거기서 휴식을 취하고 한참을 내려오니 진달래꽃은 더욱 파안대소한다. 밤나무골 휴식처에서부터는 온통 진달래가 전산야를 물결치고 있었다. 꽃 사이를 지나는 우리의 얼굴이 온통 불그스레 물들여진다. 한 번도 마셔보지 못한 과실주를 아버님의 권유로 처음 맛보고 붉어진 열여섯 살 소녀의 얼굴처럼 보기 좋다.

나는 발걸음을 멈추었다. 맨 뒤에 오던 김 교수가 내 마음을 읽고 있는 듯하였다. 누구의 제안도 없이 둘이는 길도 없는 진달래 산길을 올랐다. 이리 봐도 저리 봐도 붉은 진달래 천지다.

잎도 없이 꽃만 만개하고 다른 어떤 나무도 아직 잎이 나지 않았으니 시선 끝까지 온통 붉은 진달래뿐이다. 진달래가 더욱 좋은 것은, 이 꽃에는 흰빛이 많이 가미되어 있기 때문이다. 붉은 색은 환희歡喜의 색이다. 그러나 너무 붉으면 이질감을 느낀다. 너무 붉은 색은 한국인에게는 어울리지 않는다.

진달래 빛은 한국인의 마음을 한 치의 오차도 없이 표현한 색이다. 조물주는 가장 적합한 색깔로 한국인의 마음을 나타내기 위하여 팔레트 위에서 마지막 색깔을 조합하면서 손을 파르르 떠셨을 것이다. 그래서 이 완전무결한 우리의 마음을 현현顯現하여 주셨을 것이다.

다시 길을 내려오니 계곡에서는 수정같이 맑은 물이 바위 사이를 휘감고 내려간다. 중간 중간에 소沼를 이루는 물이 어찌나 탐스러운지 옷을 입은 채로 풍덩 뛰어들고 싶었다.

성도원 밑으로 내려오니 이제 진달래 나무에 잎이 나고 꽃도 약간 지고 있었다. 맨 위는 머금어 있고, 중간은 만개하고, 밑은 시들고, 한 산에 이렇게도 분명히 구분을 지으며 피는 진달래를 본 것은 처음이다.

나는 어려서 뒷동산에 올라 뛰어놀며 진달래를 따 먹었다. 그때 우리는 먹을 수 있는 진달래를 '참꽃'이라 했고, 못 먹는 진달래를 '개꽃'이라 했다. 개꽃은 더 빨갛고 송진같이 끈적이는 액체가 묻어 있는 것으로, 지금 알고 보니 철쭉이다. 어려서부터 누가 가르쳐 주지도 않았지만 철쭉은 우리 편이 아니었다. 너무나 붉고 노골적인 색은 한국인의 색이 아니기 때문이었을 것이다.

(1993. 4)

기분 좋은 날

오늘은 하루 종일 기분이 좋다. 왜 이렇게 기분이 좋을까.

"맞아! 그 일 때문이지. C 프라자 앞 인도를 고쳤기 때문이야."

몇 년전, 우리 학교 앞에 C 프라자라는 7~8층 되는 건물이 하나 들어섰다. 작은 점방 몇 개를 부수더니 거기에 제법 큼지막한 건물을 짓기 시작한 것이다. 그런데 그 건물은 어떻게 된 셈인지 지을 때부터 말썽이었다. 몇 번을 중단하고…….

그 뿐인가, 걸핏하면 무슨 토지 주인의 글인지 빚쟁이의 글들이 나붙었다. 얼핏 읽어보면, 이 건물 주인은 나쁜 사람이라느니, 이 건축은 불법이라느니 등의 거북스러운 글들이 공사중에 더렵혀진 유리창에 나붙곤 하였다.

나는 자동차가 없기 때문에 항상 전철을 타고 걸어서 학교를 다니니 매일 그 공사장을 보게 되었다. 우리 학교에서 차가 없는 사람은 나 이외에 본 적이 없지만, 있다손 치더라도 열 사람은 되지 못할 것 같으니, 하여튼 그 상황을 잘 아는 사람도 학생을 제외하면 교수 중에서는 열 손가락 안에 드는 사람 중의 하나인 셈이다.

그러더니, 일들이 잘 해결되었는지 그 건물이 완공이 되어 갔다. 구두점, 옷점, 파마집, 술집 등 장사가 될만한 것은 다 들어온 모양이다.

그런데 그것도 좋다. 문제는 그 건물 앞의 보도이다. 보도와 그 건물 일층 입구와는 상당한 높이이다. 그런데 층계를 만들지 않고 마구 보도에서 건물로 들어가게 만들어 놓았다. 그럴려니 자연히 보도에서 건물입구까지가 상당히 경사 질 수밖에 없다. 그나마도 보도블록을 사용하지 않고 매끄러운 타일을 붙여 놓았다. 점방으로 들어가기는 좋을지 모르지만 걷기에는 무척 불편하다.

평소에 그 길을 걸으려 해도 몸이 기울어질 판인데 눈비가 올 때면 위험하기 짝이 없다. 특히 한 겨울에 함박눈이 쌓여 발길로 다져진 뒤는 여학생들의 걸음은 완전 곡예의 연출이다. 전 날 저녁의 혹한으로 아침 빙판이 된 후에는 행인은 아예 한길로 내려와서 걸어야 그 건물을 벗어날 정도이다.

불편하지만 하는 수 없이 몇 년간 그 길을 통과하여 학교에 다녔다. 그러다가 이 길을 평평한 보도블록으로 바꿀 수 있는 방법은 없을까 하고 생각하기에 이르렀다. 노력은 해보아야겠다고 생각했다.

무슨 방도가 없을까. 그러면서 시간만 흘러갔다. 그러다 나는 결심하기에 이르렀다. 어떤 수단을 써서라도 이 길만은 내 손으로 반드시 고쳐 놓고 말겠다고.

혼자 건물 주인을 만날까. 아니야, 이런 주인이 들어 줄 리가 없어. 그러면 어떻게 할까? 옳지, 학생과 연합전선을 펴자. 생각이 여기에 미치자 나는 총학생장실로 전화를 걸었다. 그러나 총학생장은 항상 부재중이었다.

"여보세요. 총학생장 있습니까."

"없는데요. 누구시죠?"

"나 교순데, 다음에 또 전화하겠습니다."

"여보세요. 누구시냐니까요?"

"아 됐습니다."

"이봐요. 누구예요?"

"학생 거 말투가 뭐야…."

괜히 상관도 없는 학생회 간부하고 좋지않은 말만 오가다 끝나기 일쑤였다. 이러다가는 아무런 해결방법도 있을 것 같지 않았다.

그러다가 나는 문득 머리를 때리는 것이 있었다. 옳지! 내가 왜 이 생각을 진작하지 못했을까. 나는 우리 학교 교수평의회 회장이지 않은가. 교수평의회 명의로 학교에 건의하고, 학교에서 구청에 시정요구를 하고, 구청에서 건물주인에게 시정을 지시하게 하면 되는 것이 아닌가. 생각이 여기에 미치자 나는 1년에 4번 있는 교수평의회 정기총회를 손꼽아 기다렸다.

드디어 그 날이 왔다. 나는 행여나 잊어버릴세라 메모해 간 그 안건을 다른 건의안에 삽입시키는데 성공하였다. 총장께 건의사항을 올린 이후 담당부서인 총무처장으로부터 즉시 중간회신이 왔다. C 프라자 앞길의 시정요구를 구청에 접수시켰노라고.

그러나 몇 달이 되어도 보도는 타일 깔린 경사진 길 그대로였다. 나는 총무처장에게 다시 전화하였다. 왜 그 길이 아직도 고쳐지지 않고 있는가. 총무처장은 자기도 열심히 독촉하고 있으니 기다릴 수밖에 없지 않느냐는 것이다. 겨울은 다가오는데 나는 조급해서 견딜 수가 없었다.

그러든 어느 날, 나는 퇴근 길에 내 눈을 의심하였다. 분명 C 프라자 앞 보도를 포크래인이 깨부수고 있었다. 그렇다면 나의 건의사항이 실현되고 있다는 것이 아닌가. 나는 좋아서 어린아이 처럼 그 자리서 깡충깡충 뛰고 싶었다. 한참동안 우두커니 서서 공사 장면을 지켜 보았다. 이루어지는구나. 뜻이 있으면 길이 있다고 했던가.

어제는 퇴근 후, 총무처장으로부터 수리가 완성되었다는 전화가 왔다. 자기도 구청에 몇 번을 독촉하였고, 구청에서 그 건물 주인을 찾았으나 주인의 행방을 찾을 길이 없었단다. 건물만 모조리 세내놓고 본인은 피신중이라나 뭐라나. 하는 수 없이 구청에서 우선 구청예산으로 수리를 끝마쳤다고 한다. 나는 참으로 수고하였노라고 몇 번이고 감사해 했다.

어제 저녁부터 나는 가슴이 두근거렸다. 완성된 보도를 보는 설레임 때문이다.

아침 출근 길을 그 길로 통과하였다. 길은 새색시의 말쑥한 차림으로 나를 기다리고 있었다. 전혀 미끄럽지 않은 보도의 적당한 감촉이 발밑에 느껴졌다. 붉은 색의 보도블록과 새 씨멘트로 갓 찍어낸 씨멘트 색갈도 선명한 보도블록이 보기 좋게 무늬져 깔려 있다. 그 위험하던 경사면은 간데 없고 완전한 평면의 길이 나를 맞이하고 있었다. 세상에는 이렇게 신나는 일도 있을까. 나는 기분이 좋아 하루 종일 싱글벙글이었다.

(1998. 11)

여대생의 멋

나는 여대에서 교편을 잡은 지 벌써 17년이 되었다. 물론 내가 여대에 근무한다고 해서 여대 찬양론자는 아니다. 꼭 내 진심을 말하라 한다면 오히려 남녀공학 쪽이다. 지금 당장은 몰라도 백년대계를 위해서라면 학교를 위해서나 국가적으로나 남녀공학을 하는 편이 훨씬 낫기 때문이다.

그러나 여대를 지지하는 자들의 이론은 어떤 면에서 상당한 설득력이 있다. 무엇보다도, 우리나라에는 아직은 남자대학과 여자대학밖에 없다는 것이다. 소위 남녀공학이란 그저 남자대학에 여자가 부속되어 있는 상태에 불과해서, 학생장도 남자가 하고, 데모도 남자가 하고, 모든 일을 남자가 주동이 돼서 하고, 여자는 기껏해야 보조적인 역할이나 아니면 보고 서 있기만 하면 되는 위치라는 것이다.

내가 처음에 여대에 이력서를 내려 교문을 들어서며 보았던 한 장면은 오래 잊을 수가 없다. 운동장에 텐트를 치려고 여학생 두 명이 무거운 텐트뭉치를 어깨에 메고 가고, 그 옆에는 말뚝이며 햄머를 짊어진 여학생이 함께 걷고 있었다.

"여기는 남자도 없나? 여자가 저 무거운 것을 메게."

아 참! 여기는 남자가 없지. 그 때서야 내가 여대의 교정을 걷고 있다는 사실을 깨달았다.

그런데 이제는 내가 완전히 여대 교수라는 것이 기정사실화 되었고 자신도 당연한 일로 받아들이고 있다. 그런데 나는 여대에서 가슴 뭉클한 장면들을 여러 번 목격하였다. 그것은 확실히 여대생의 멋이었고, 여대에서만 볼 수 있는 풍류도風流道였다.

김태길선생은 한국인에게 최고의 찬사는 '당신 정말 멋있는 사람이오'라는 말이라고 하였다. 피천득 선생은 승무僧舞에 열중하는 무희의 미끄러지는 장삼자락을 멋있는 모습이라고 표현한 적이 있다. 나는 여인의 멋스러움이란 남의 도움 없이 마이패스로 헤치고 나가 골인시키는 농구선수와도 같은 모습을 상상해 보았다.

나는 교정에서 가끔 그런 멋스런 여학생을 만난다.

미대생이겠지만, 가끔 온갖 물감이 만화경처럼 휘뿌려진 실습복을 입고 태연히 친구와 웃으며 교정을 걷고 있는 여학생을 만난다. 멋져 보이고 자신만만해 보인다.

몇 해 전에는 방통대에서 우리 과에 편입학한 한 학생이 있었다. 그 학생은 혼자 일당 백을 하는 기개를 가지고 있었다. 공부도 본과생들을 제치고 톱으로 올라서는가 하더니 우리과에서 전공하는 외국어로 전국 대학생 외국어 웅변대회에서 우등을 하기도 한다. 나는 그 학생을 멋있다고 느꼈다. 그 학생은 자기가 처한 일에 최선을 다하였고, 계획했던 대로 취직을 했다.

여대에 있는 교수들의 불만중 하나가 학생들과 술을 못 마신다는 것이다. 특히 여학생과 단둘이 술을 마신다는 것은 구설수에 오르기에 딱 좋을 법한 일이다. 그런데 우리 과의 p학생은 재학 때도 그런 것 전혀 개의치 않았는데 졸업 후도 가끔 연락이 있더니, 언젠가는 자기가 취직을 했으니 한 잔 사겠다고 나오라 한다. 나가 보니 혼자였다. 계면쩍어 하는 내 모습이 오히려 이상했다. 나는 같이 술을 마시며 생각했다. 이 학생은 참으로 멋을 아는 학생이라고.

얼마 전에 졸업한 L학생은 공부는 보통이고 말이 없으며 덩치가 상당히 큰 학생이었다. 다니는 모습은 여학생답지 않게 마치 사자가 혼자 으르렁거리며 걸어다니는 그런 모습이었다. 그가 3학년 때인 어느 날 벽보를 보니 총학생장 출마를 했다. 투표결과는 압도적 승리였다. 무슨 마력으로 다른 후보자를 누르고 압승을 했는지는 잘 모른다. 나중에 들리는 소문은 전국적 운동권 학생조직의 일원으로 그 단체에서 밀었다는 후문이었다. 당선 후는 '학생의 왕' 바로 그것이었다. 가끔 학교신문에 나기도 하는데, 그 때는 무서운 군사독재시대라 학교에도 프락치가 학생으로 가장하고 들락거렸다. 한 번은 학생들이 프락치를 잡아서 학생회실에서 심문하는 모습이 사진으로 공개되었다. 보니 사자처럼 생긴 L이 수상한 여자를 다그치며 녹음기를 들이대고 있는 모습이었다. 요새는 TV를 보았더니 시민연대의 여성조직부장인가를 맡고 있었고, 이번 4·13 총선에서는 시민연대에서 선정한 부도덕하고 지방색을 조장한 자들을 모조리 떨어뜨려야 한다고 역설한다. 참으로 장한 모습이었다.

내가 이 학교에 온 그 해인지 다음 해인지에서 보았던 감개무량한 한 장면을 잊지 못한다. 그 날이 개교기념일이었다. 개교기념일에는 전교생 운동시합이 있었다. 운동장을 두루고 있는 스탠드에는 전교의 학생이 과별로 앉아서 응원을 하는데, 실은 운동시합보다 그 응원하는 모습이 볼만하다. 각 과마다 특색을 살리는 복장을 하고, 앞에 나선 응원단은 치어걸 같은 모습으로 멋진 몸놀림을 하여 선수들을 고무시키기도 하고 관중을 즐겁게 해주기도 하였다.

다음 차례는 백미터 경주였다. 각과의 선수들이 운동장으로 내려오고 경주를 주도하는 측에서는 이것저것을 챙기는 모습이다. 그런데 갑자기 분위기가 좀 어수선해지고 뒤숭숭한 기분이 들었다.

그 때 데모를 주도하는 학생들이 운동선수로 가장하고 사이에 끼어들었고 미리 그 낌새를 알고 출동한 성북경찰서의 형사들이 활발히 활동을 개시한 것이었다. 그 때는 벌써 첫 팀 선수들이 줄지어 출발선에 서 있었다. 그 때 한 학생이 형사대에 쫓겨 운동장 가운데로 뛰었다. 건장하게 생긴 한 형사가 그 학생의 뒤를 따라 뛰더니 드디어 따라잡아 학생의 덜미를 나꿔챘다. 이를 신호라도 삼은 듯이 여기저기에 숨어있던 데모주동 학생들은 백미터 경주를 하듯이 운동장 트럭을 뛰었고 각자의 품속에서 나온 전단이 어지럽게 휘뿌려졌다. 삽시간에 아수라장이 되며 스탠드며 운동장이며 구호가 터져 나오고 쫓고 쫓기는 활극이 연출된다. 언제 준비하였는지 여기저기서 핸드마이크 소리가 들렸고, 이를 뺏으려는 교직원과 형사대, 이를 저항하는 학생들의 비명소리 구호소리가 범벅이 된다.

나는 그 때 전단에 써진 충격적인 내용을 보고 벌린 입이 닫혀 지지 않았다. 저처럼 여리기만 하던 여학생의 품속에 그처럼 예리한 비수가 숨겨져 있었을 줄이야. 군부독재 하에서 한마디만 잘못 해도 중앙정보부에 끌려가 종신불구가 되도록 얻어맞든지, 전기고문 물고문을 당해서 정신 이상자가 되고 마는 판국에 정권퇴진이라니.

이들은 여리고 나약한 보호의 대상이 아니었다. 내 스스로 여대에 대한 사고방식도 바꿔야 한다고 생각했다.

(2000. 6)

3부

그림과 사진

아파트에는 벽면이 많아서 액자로 빈 공간을 메우기에 좋다. 우리 집도 벽에 걸려 있는 액자가 대충 열 개는 된다. 그 외 장롱 옆에 예비로 세워둔 것도 열 개가 더 된다. 물론 이 숫자는 지금까지 폐기처분한 것을 제외한 숫자이다. 액자는 글씨와 그림을 말하는데 물론 그림이 훨씬 많다.

글은 나를 아끼는 사람이 특별히 써준 것이고, 그림은 두세 개 기증받은 것을 제외하면 모두 외국여행에서 구한 것이다. 나는 중국을 자주 드나들기 때문에 중국 그림이 가장 많고, 몽골, 러시아 것도 있고, 일본 , 불란서 것도 한 점씩 있다. 또 내가 아주 아끼는 것으로 이북 그림 두 개가 있다. 이북 그림은 심양瀋陽에 갔을 때 조선족이 사는 백탑거리에서 식사를 하다가 우연히 들러 산 것인데 어찌나 생동적이던지 자연을 그대로 옮겨놓은 듯하다. 한 장은 금강산을 그린 것이고 또 하나는 '내칠보 계곡'이라고 써져 있다. 금강산 그림은 장엄한 금강산의 아침 안개가 금방 앞으로 다가오는 듯 입체적이고, 내칠보 그림은 칠보산의 물소리며 바람에 잎사귀 스치는 소리가 귀에 들리는 듯 생동적이다.

그런데 전에는 그림 이외에 사진도 있었다. 사진작가이신 광주의 사촌형님이 준 것이었다. 형님께서는 사진을 좋아해서 전국 각지에 사진을 찍으러 다니고 외국까지 가서 풍경을 카메라에 담아 오신다. 개인전도 하고 출품도 여러 번 하셨다. 서울에서 전시회가 있어서 출품하고 가면서는, 가지고 갈 번거로움도 덜 겸 큰맘 먹고 두세 점을 나에게 주고 가셨다. 너무나 귀한 것을 주었기 때문에 잘 보관하고 벽에 바꾸어 달곤 하였다.

그런데 형님에게는 대단히 죄송한 말씀인데 사진은 금방 싫증이 났다. 너무나 사실 그대로를 옮긴 것이라 그랬을 것이다. 특히 내가 태어난 곳 운주사 와불 사진은 가슴이 메이도록 그리운 곳인데도 오래 두고 보기에는 물린다는 것을 알았다. 사진과 그림은 그 가치며 운치가 전혀 상대가 안 되었다. 일점일획도 다르지 않게 사실 그 자체를 담아놓은 사진은, 작가의 개성을 살려 그려놓은 그림에는 어림도 없이 못 미친다는 사실을 알 수 있었다. 나는 그림과 사진과의 관계를 문학과 역사에 비교해 보고는 아주 그럴싸한 비교가 아닌가 하고 생각했다. 나는 대학에서 어문학을 전공하다가 그것이 시시하다고 느끼고는 사학에 빠져 10년 세월이나 광야를 헤맨 경험이 있다. 역사는 사람을 미치게 하는 어떤 마력이 있었다. 역사를 공부할 때는 다른 모든 학문이 우습게 보였다. 나만이 가장 진짜 학문을 한다고 느끼기 때문에 '나'는 점점 더 현실과 동떨어진 세계로 빠져 들어가고 있었다. 책을 산더미처럼 사고 또 사고, 일본외무성 외교사료관에 파묻혀 몇 년이고 나올 줄을 몰랐고, 규장각도서에 빠져 몇 달이고 빠져 나올 줄을 몰랐다. 그래서 저서도 남기고 새로운 자료도 수없이 찾아냈다.

그런데 이상한 일이다. 내가 새로운 논문을 발표하고 새로운 자료를 공포하면 세상이 깜짝 놀래야 할텐데 그렇지가 않다. 그렇지가 않을 뿐만 아니라 별 관심이 없다. 내가 하두 대단한 것이라고 말을 해대면 "그래? 그런 일도 있었어?"하는 것이 고작이고 금방 잊어버린다. 화가 나서 살 수가 없다. 나는 점점 더 '괴짜'가 되어 가고 있었다.

나는 일본 외무성 외교사료관에서 우리 독립군 창가집을 최초로 찾아내서 어느 연구소 휘보에 창가집의 원본사진과 함께 내용을 발표했었다. 그런데 얼마나 지난 후에 국가보훈처 연구원들이 자기들이 최초로 발견했다며 책을 아예 영인하여 단행본을 내고 TV 9시 뉴스 시간에 대대적인 홍보를 하고 있지 않은가. 나는 보훈처에 즉시 전화를 하여 강력히 항의하고, 그 해설을 써준 서울대 S교수에게도 전화해서 다음에 재판을 낼 때는 내가 최초 발견자라는 것을 반드시 명기하겠다는 확답을 받기도 하였다.

그러다가 나는 생각했다. 그것이 뭐가 그리 대단해서 나는 이처럼 화를 내고 있을까. 그 까짓 것 당시 우리 독립군들은 모두 다 부르던 노래이며, 일본인 첩자가 입수하여 그들의 외무성에 공개되었으며, 비록 현대인이 모르고 있었다 하지만 누군가가 발견할 것은 정해진 이치인 것을. 나는 새로운 자료를 발견할 때마다 끝에는 이와 비슷한 허탈감이 엄습했다. 나는 무엇인가 헛개비를 잡고 있는 느낌이었다.

또 내가 그처럼 심각하게 심혈을 기울여 쓴 논문을 누구 하나 읽었다는 사람이 없지 않은가. 그렇다면 독자는 나 혼자란 말인가. 가끔 내 논문을 읽었다는 사람이 있을 때면 그를 껴안아 주고 싶을 정도로 반가웠다. 그런데 그 읽었다는 사람도 그다지 감명을 받은 것 같지가 않다. 그저 "그런 일도 있었군!"하는 정도인 것이다. 그렇다면 역사란 역시 지나간 하나의 사실에 불과하단 말인가. 나는 깊은 회의에 빠지고 있었다. 있는 사실 그대로 사진을 찍어놓은 것이 무슨 가치가 그리 많으며 그것을 알았으니 어떻다는 것인가 하는 식이다.

생각해 보면 사실만을 써야하는 역사는 아무리 잘 써도 그 안에 반드시 잘못이 수두룩하며, 설사 완전무결하게 사실을 썼다고 한들 하나의 사진에 불과했다. 그보다는 사실대로 그릴 아무런 필요도 없이 마음껏 휘지한 문학은 누가 흠도 잡을 수 없을 뿐만 아니라 그 폭팔력은 가히 경이적이다. 역사에서는 한 발자국도 나갈 수 없이 벽에 부딪치던 것도 문학에서는 어떤 벽도 무너뜨릴 수 있으며 우주를 종횡무진 비행할 수 있었다.

그래서 나는 역사와 문학을 새와 비행기에도 비겨보았다. 사람은 새처럼 날고 싶었다. 그러나 아무리 노력해도 새처럼 날 수 없었다. 그래서 노력하고 노력하다가 비행기를 만들어 냈다. 만약 그 때 사람이 새처럼 완전히 날 수 있었다면 비행기는 아직도 없을지 모른다. 원래 사람이 날 수 없어서 만들어낸 비행기였지만 오늘날 비행기는 새보다도 열배 백배 더 높이 멀리 날 수 있지 않은가.

역사에 빠진 지 10년도 더 되어 나는 심한 갈등에 빠지고 있었다. 그런 나를 지켜보고 있던 한 스승이 있었다. 선생님은 이제라도 나더러 다시 어문학과에 입학을 하라는 것이었다. 내 특기는 바로 그 어문학이라고 했다. 학문의 장르에서도 문학이 역사보다 백배 천배는 더 영향력이 있다는 것이다.

그래서 나는 다시 긴 원로遠路를 요행繞行하기로 작정하였고, 그 길을 다 돌고 오늘에 이르렀다. 나는 사진의 세상에서 그림의 세상으로 돌아온 것이다. 돌아온 김에 불후의 명화도 한 폭 그려보고 싶다.

(2000. 6)

할딱보 선생님

나의 중3 때 도덕 선생님. 그 선생님의 별명이 할딱보였다. 우리 고장 사투리로 대머리를 할딱보라 한다. 그 선생님은 머리가 거의 벗겨지고 뒷머리 몇 가닥만이 남아 있을 뿐이었다.

그런데 그 선생님이 오랫동안 가슴에 남아 잊혀지지 않는 것은 웬일일까. 가끔 중학교 동창을 만나면 꼭 그 도덕 선생님 이야기를 하며 한 바탕 웃음꽃이 피게 되어 있다.

지금은 성함도 잘 기억 할 수 없지만, 그 선생님은 확고한 자기 철학과 교육지침을 가진 듯하다. 그의 교육의 꽃은 성교육이다. 실은 지금 알고 보니 성교육이지 그 때는 그것이 무엇인지도 몰랐다. 나는 너무 어려서 학교에 입학하였기 때문에 다른 숙성한 아이들에 비해 상당히 감각이 늦은 편이었다. 그런데도 중3 쯤 되니 무엇인가 감각이 오는 것을 느낄 수 있었고 무척 호기심이 쏠리던 부분이었다.

그런데 우리 할딱보 선생님은 마음껏 우리의 궁금증을 풀어주셨고 흥미진진한 웃음보따리 속에서 다 이해가 가게 해주셨다.

"야, 이놈들아! 느그덜 ××쳐 봤냐?"

온 교실은 박장대소하고 어떤 아이는 책상을 치고 발을 구르며 웃어댄다. 그런데 선생님은 한 수 더 떠서 칠판에,

'××치다.'

하고 판서를 한다. 아이들은 자기 눈을 의심하고 다시 보다가 거짓말 아닌 참말이란 것을 확인하고는 배꼽이 빠질 정도로 웃다가 지쳐서 책상에 쓰러질 정도가 된다.

선생님은 자기 의도대로 되어가고 있다는 것을 확인하셨는지 재미난 그 뒷풀이 설명이 이어진다. 그것은 전혀 이상한 일이 아니며 자연적인 현상이란 것, 너희만 때면 오히려 그런 감각이 있어야 정상적이란 것 등을 설명한다.

당시에 '도덕'이라는 책이 있긴 하였으나 그 선생님은 한 번도 교과서를 펴고 강의를 한 적이 없었는 듯하다. 그 선생님이 대단한 선생님이란 것은 그 때 담임 선생님에게서 들어서 알게 되었다. 교실 조회시간에 누가 그 선생님이 웃긴다고 하자 담임 선생님은, 그 분은 학생들의 어떤 반 담임도 맡지 않으며, 무슨 대학을 나온 분으로 우리 학교의 문에 벗는 분이라고 말씀해 주셨다. 우리는 가장 웃기는 그 선생님이 가장 훌륭한 선생님이란 말씀에 이해가 가지 않아 고개를 갸우뚱거렸다.

어느 땐가는 노트에 받아쓰기를 하라고 한다. 판서 글씨만 베껴 보았지 받아쓰기를 해 본적이 없는 우리는 어리둥절하였다. 아마 받아쓰기도 그 선생님에게서 처음 배운 것 같다. 하여튼 노트를 펴고 받아쓰기 준비를 하고 있는 우리에게 '남녀교제시 주의할 사항'이라고 쓰라고 한다.

첫째, 단 둘이만 방에 있지 말 것.

둘째, 부득이하게 단 둘이만 방에 있을 경우에는 방문을 쬐끔(조금) 열어 놓고 있을 것.

셋째, 야외에서는 단 둘이 수풀에 들어가지 말 것.

넷째, …….

이렇게 여섯 항목을 부른다. 학생들은 쓰는 둥 마는 둥 또다시 웃음바다가 되어 자세가 형편없이 흐트러지고, 어떤 애들은 쓸데없는 농담인 줄 알고 웃다가 안 써버리고 말았다. 그런데 웬일인가. 시험 때 바로 그 문제가 나올 줄을. 아마 그 여섯 항목을 안 틀리고 다 쓴 아이는 하나도 없었으리라. 다음 시간에 들어오신 선생님, 자기에게 공부한 학생은 절대 남녀교제시 실수를 안하게 되어 있다고 역설이시다.

나는 그 때 광주의 산수동이란 데서 자취를 하고 있었다. 금동이라는 우리 반 학생 집인데, 나는 형주라는 아이와 같이 한 방에서 살며 큰 방에서 빌려온 나뭇가지들로 불을 때서 밥도 짓고 국도 끓이고 나물도 무쳐 먹었다. 나머지 시간들은 금동이, 형주와 함께 세 명이 한 패가 되어 별의별 장난을 다하고 산천을 쏘다니며 놀았다. 그 때 산수동은 경계가 시내에 들어와 있을 뿐 완전한 시골이었다. 대밭을 낀 초가집이 10여 채씩 드문드문 있고, 언덕에는 과수원이 즐비하고 밭에는 참외, 물외, 옥수수, 호박, 콩 등이 그득그득 심어져 있어, 콩풀의 푸릇한 내음이며 참외 익어가는 단내가 길가에까지 넘실대왔다.

자취집 뒷 언덕에는 복숭아 과수원이 있었고, 앞쪽 언덕배기 밑에는 감나무 과수원이 있었다. 감나무 과수원은 바로 할딱보 선생님 과수원이었다. 과수원 한 가운데 그림 같은 기와집이 하나 있었다. 그 집이 바로 선생님의 가정집이고 동시에 과수원 움막까지 겸하는 집이었다. 할딱보 선생님의 아들 영수는 우리 반 학생인데 공부는 상당히 못한 편이었던 걸로 기억된다. 자유분방하신 선생님은 자기 자식한테도 절대로 공부를 강요하지 안하신 것 같았다.

우리는 밤이면 이쪽 저쪽을 번갈아 가며 서리를 하고 돌아다녔다. 복숭아 과수원을 서리하려면 탱자나무 울타리의 허스름한 쪽을 조심스레 꿰어 들어간다. 금동이는 복숭아나무에서 딴 잘 익은 복숭아를 군고구마 장사 빵떡 같은 모자를 펼쳐서 담고, 우리는 런닝 셔츠를 벗어서 한 쪽을 묶어 자루를 만들어 담았다. 북쪽 움막에서 잠들어 있을 주인아저씨가 깨면 어쩌나 가슴 조이던 일은 평생 잊을 수 없다. 어쩌다 움막 위에서 에헴! 하고 기침소리가 들릴 때면 가슴이 천근이나 내려앉았다.

그런데 뒷 언덕의 복숭아 서리는 용케 몇 번 성공을 하였는데, 앞 언덕배기 감과수원에서는 둬 번 만에 그만 덜미가 잡히고 말았다. 그 날도 덩치가 작고 나무를 잘 타던 내가 나무를 오르고, 둘이가 밑에서 떨어뜨린 단감을 줍고 있었다. 그런데 갑자기 손전등이 비춰이며 밑에 있는 둘이는 고양이 앞에 쥐가 되어 두 명의 남자에게 덜미를 잡혔다. 그리고는 나무 위로 손전등을 비추며 내려오라 한다. 감나무 잎들을 뚫고 내궁둥이를 비추어 새어 올라오던 강렬한 빛, 나는 그렇게 위협적인 빛을 일찍이 본적이 없다. 도망 칠 곳은 오직 하늘밖에 없었다. 나는 그 때 하늘을 쳐다보았다. 어두운 밤하늘의 별들이 손에 닿을 듯이 촘촘이 나를 내려다보고 있었다.

나는 마치 코알라가 겁난 몸짓으로 나무를 기어 내려오듯 엉금엉금 내려와 땅에 훌쩍 뛰어 내렸다. 내가 넘어져 채 일어나기도 전에 내 덜미를 덥썩 잡는 큰 손이 있었다. 나는 그를 쳐다보는 순간 기절을 할 뻔하였다. 바로 그 할딱보 선생님이 아닌가? 어스름 속에서도 그 반짝거리는 이마 때문에 단 번에 알아 볼 수가 있었다.

선생님은 우리에게 따라오라 하였고, 우리는 마치 보이지 않은 실에 끌려가듯 선생님이 공부하시던 서재로 딸려 들어갔다. 그 방에 들어가자 수 많은 책이 꽂혀 있는 것을 보고 우리는 놀랐다. 그 때까지 그처럼 많은 책이 꽂혀 있는 서재를 처음 보았다.

그런데 벼락이 떨어질 줄 알았던 우리의 상상과는 달리 선생님은 관대히 웃으시며 너무나 온화하게 몇 마디 훈계만 하시고 방면해 주셨다. 우리는 하도 긴장하고 있었기 때문에 그때 무슨 말씀을 하셨는지 조차 기억할 수 없다. 아마 이런 작은 일을 가지고 벌을 주기도 그렇고, 그렇다고 그냥 돌려 보내기도 그렇고 하여 형식적인 꾸지람만 몇 마디 하고 끝내신 것 같다. 우리는 학교를 오가며 그 과수원 길을 거닐 때마다 자신도 모르는 사이에 고개를 숙였다.

(1998. 5)

여쭈어라

나는 외아들이고 위로 누나가 넷이 있었다. 그나마 시골의 조혼풍습 때문에 모두 일찍 출가하였다. 그 덕분에 나의 어린 시절 시골 혼인풍습이 아름다운 추억으로 머리에 새겨져 있다.

그 말괄량이로 뛰어 놀던 누나가 어느 날 갑자기 변하여 눈을 내리 깔고 얌전한 새각시로 변해 있을 때, 나는 놀란 토끼가 되어 경의의 눈초리로 바라보곤 하였다. 신랑을 맞이하는 누나는 방 한가운데 원삼 족두리를 쓰고 그림처럼 꼼짝도 하지 않고 앉아서 이마에 땀방울이 송골송골했다. 연지 곤지를 찍고 다소곳이 앉아 있는 누나를 구경하러 동네 사람들이 모여들었다. 방 안에 사람이 가득하고 양쪽 문턱 너머에도 밀치고 닥치고 까치발을 딛고 들여다보았다.

"아유 예뻐라. 영판(아주) 딴 사람이네!"

"저것이 크면서도 영판 귄있었제(귀여웠지)!"

"야, ㅇㅇ아! 여로와(부끄러워)만 하지 말고 나좀 바라." 등등 왁자지껄하고 온통 웃음바다가 된다. 한참 있으면 동네 상놈이 함을 지고 오는 소리가 요란하다.

"함이요! 함!"

"함 사시오! 함!"

그러면 집안에 구름처럼 몰려있던 동네사람들은 일제히 뒤숭숭해지며 다음에 전개될 재미있는 프로그램을 호기심 있게 기다린다. 매부가 될 신랑은 밑마을 주막에서 잠시 쉬면서 윗마을 우리 집에서 벌어질 함 의례의 시간을 주고 있었다. 동네 상놈은, 지금은 기억을 할 수 없지만 '함이요, 함!'하고 외는 말 이외에 다른 여러 말을 하고 곡조에 맞추어 춤을 추듯 주정을 하듯 걸어 들어온다. 역시 매일 보던 동네 상놈의 모습도 아주 딴판의 분장을 하였다. 사립문에서 들어오지 않으면 어머니나 당숙모가 어르고 달래고, 술도 주고 인절미 콩떡을 물려주기도 하고 돈도 쥐어주곤 한다. 그러다가 상놈은 못이기는 척하며 함을 토지에 부려 놓는다.

함을 열어보는 어머니의 손길. 붉은 비단 푸른 비단을 조심스럽게 집어서 차곡차곡 바닥에 내려놓는 그 손놀림을 40여 년이 지난 지금도 나는 생생히 기억한다. 비단이 하나씩 나올 때마다 탄성은 온 집안을 울린다. 나도 세상에는 저렇게 이쁜 물건도 있나 하고, 가서 어루 만져보기도 하였다. 그 때 만져

보았던 그 보드라운 비단 감촉을 지금도 엊그제처럼 잊지 못한다.

약간의 시간이 경과하면 때맞추어 동네 입구에서 왁자지껄하는 소리가 들린다. 신랑이 이미 동네로 접어든 것이다. 당상관의 제복으로, 북청색 단령團領에 쌍학흉배를 하고 당당한보무로 천천히 걸음을 띄어 놓는다. 손에는 차면遮面용으로 파초선芭蕉扇을 들고 있다. 신랑 주위에는 우인 대표, 또는 그 동네 인척들의 다수가 호위를 하고 있다. 집안에 있던 사람의 일부는 와르르 밖으로 몰려나가 한판의 멋드러진 연극을 구경한다.

"앞에 오는 행차는 잠깐 걸음을 멈추라고 여쭈어라."

"무슨 일이냐고 여쭈어라."

"어느 녀석이 감히 허락도 없이 이곳을 통과하느냐고 여쭈어라."

"허어! 누군지는 몰라도 입하나 걸다고 여쭈어라."

동네 청년들과 신랑측 사람들과의 한차례 힘겨루기가 시작된다. 동네 청년들은 누가 감히 우리 동네 처녀를 데려가느냐인 것 같고, 신랑측에서는 너희가 못나서 우리한테 빼앗겨 놓고 무슨 군소리인가고 비아냥대는 듯한 말투였다. 그렇게 입씨름을 하다가 신랑이 지면 부채를 빼앗긴다고 했다. 부채를 빼앗기면 신랑은 신부 집으로 들어오지 못하고 다시 자기 동네로 돌아가야 한단다. 나는 그 말이 참말인 줄 알고 제발 매형될 사람이 말을 잘해서 부채를 빼앗기지 말기를 간절히 바라고 있었다. 그런데 가만히 들어보면 말은 신랑이 직접 하지 않고 옆에 있는 친구가 계속 받아쳤고 신랑이 꼭 직접 대답해야 할 말이 있으면 친구가 작은 소리로 신랑에게 물어서 그 말을 다시 전달하는 식으로 "…이라고 여쭈어라."의 연속이다. 이 말을 가만히 듣고 있노라면 양반들의 대화임이 여실하였다. 즉 양쪽의 양반들이 서로의 상놈을 사이에 두고 하는 대화이다. 위의 대화를 다시 상놈을 끼워 넣어서 말할 것 같으면,

양반: "앞에 오는 행차는 잠깐 걸음을 멈추라고 여쭈어라."

상놈: "앞에 오는 행차는 잠깐 걸음을 멈추라고 여쭈랍신다."

양반: "무슨 일이냐고 여쭈어라."

상놈: "무슨 일이냐고 여쭈랍신다."

양반: "……."

를 약해서 하는 말이었다. 그런데 그 양반들의 말을 가만히 들어보면 파국에 이를 말은 서로가 절대로 삼가한다. 약간 험한 말이 오가다가도 금방 좋은 말로 바꾸어 말하곤 한다. 오늘이 가장 즐거운 날이란 것을 잘 알고 있기 때문에 다음의 초례醮禮 시간에도 너무 늦지 않게 적당한 선에서 동네 어른들이 말리고, 동네 청년들도 못이기는 척하며 이번만은 특별히 봐준다는 식으로 통과시켜 준다.

집에서는 벌써 차일을 치고 멍석을 깔고 돗자리를 펴고 초례상 위에 나무기러기가 올려지고 흥겨운 잔치가 준비된다. 초례상 양쪽에는 산 닭을 묶어놓았다. 닭은 놀란 눈을 껌벅이고 가끔 퍼덕거리기도 하며 인간들의 하는 짓을 지켜보고 있

다. 이윽고 신랑이 들어와서 멍석 위에 자리를 잡고 서고, 방에서 몇 시간이고 꼼짝 않고 기다리고 있던 누님이 하얀 차면포로 얼굴을 가리고 하님 역을 맡은 부인들의 부축을 받으며 마당으로 나온다. 그런데 나는 예식을 진행하는 가운데,

"신랑 일배一拜!"

"신부 재배再拜!"

하는 말이 항상 못마땅하였다. 왜 똑 같은 사람인데 남자는 절을 한 번만 하고 여자는 두 번을 해야 하는가 하는 것이었다. 지금 알고 보니 모든 뿌리가 양반사회였고, 모두가 양반들의 생활상을 흉내 내는 것이었다. 평민이 오죽 관복을 입고 싶어 했으면 관에서도 결혼식 하루만은 관복을 입는 것을 허락했을까. 그리고 자기가 무슨 양반행차나 되는 양 "…이라고 여쭈어라."를 연속했을까. 일을 하지 않고 남을 부려먹기만 하며 음풍영월이나 하고 일생을 보내는 것은 뭇 평민들의 둘도 없는 소원이었을 것이다.

(1998. 7)

설 전야

깊은 숲 우거져
성묘길이 더디고
슬피 우는 내 곁에
노송이 서 있네
다시 찾을 그 날은
어느 때이련고
골짜기 나무마다
단풍이 물드네
어느듯 가을 해는
서산에 기울고
돌아서는 발길에
산그늘 밟히네

이 시는 복동이가 쓴 시다. 음력 설날을 이틀 앞두고 갑자기 고향친구 복동이에게서 전화가 걸려왔다. 고향에를 내려가느냐, 집안은 별고 없느냐, 아이들은 공부 잘하느냐는 둥, 그냥 생각이 나서 전화했다고 한다. 고향에를 못 간다는 내 말에 자기도 못 간다면서, 몇 년 전 고향에 갔다가 자기 아버님 산소에서 내려오며 읊어본 시라며 불러준 것이다.

복동이는 고향마을 집안 형님벌 되는 분의 처남이다. 복동이는 자기 마을 둔버리에서 국민학교 3학년까지는 다녔으나 한 해 걸러 부모님을 다 잃고 화순 고아원으로 보내졌다. 때문에 그의 학벌은 국민학교 3년 중퇴가 전부이다.

고아원에서는 하루 두끼를 먹는데 아침 식사는 오전 10시, 저녁 식사는 5시였다. 무를 넣어 끓인 보리밥을 간장에 비벼 먹었다. 그러나 어찌나 양이 적어 허기가 지던지 모두 뼈만 남은 앙상한 몰골이었다. 6·25의 휴전이 되던 그 해는 무보리밥 마저 대 줄 수가 없어서 죽어 나가는 아이들이 속출했다. 고아원 측에서는 기지를 발휘하여 친척이 있는 아이들은 우선 나가서 밥을 얻어먹고 오라고 내보냈다고 한다. 그래서 복동이는 우리 동네 배바우로 시집온 자기 누나를 찾아오게 되었다. 그 때 복동이의 모습은 요새 TV에서 보는 뼈만 앙상히 남은 아프리카 빈민아동 바로 그 모습이었다고 한다. 집안 형님의 부인인 복동이 누나는 복동이를 마당에서 안고 통곡을 하고 울었다고 한다.

그러니까 복동이가 우리 마을로 온 것은 12살이고 나와 같이 뛰어 논 것은 그로부터 5년동안이다. 복동이는 이 하늘 아래서 내가 가장 부러웠다고 한다. 광주에서 학교를 다니다가 일요일이나 방학 때 고향에 내려와 당산나무 아래 세워진 평행봉 아래서 교복을 벗고 운동을 하는 내 모습은, 살결이 우유빛처럼 고운 황태자 그 자체였다고 한다.

나도 어렴풋이 기억을 한다. 어느 날부터 우리 동네에 작은 목소리를 지닌 어느 낯선 약한 아이가 있었고 나에게도 가끔 말을 걸어왔다는 것을. 그리고는 또 어느 때부터 우리는 친한 친구가 된 것을.

복동이는 아랫동네 한천리에서 1년간 머슴살이를 했고, 산 넘어 호동에서 또 1년간 머슴을 살다가 서울로 왔다. 서울로 올라 온 것은 18살 때였다. 서울에서는 신문배달을 시작했고 틈을 타 이발 기술을 익히기 시작했다. 그래서 그 때 익힌 이발 기술이 평생직종이 되어 지금은 미아리 고개에 상당히 큰 자기 이발소를 내고 있고 집도 새로 지어 경치가 썩 좋다면서 한 번 놀러오라고 한다. 우이동 북한산 자락인데 조금만 걸어도 개울물이 흐르고 약수터가 있어서 혼자 보기에 아까울 정도의 아름다운 곳이라고 한다.

복동이는 또 산고동재, 연두산재의 추억을 생생히 늘어놓으며 나하고 둘이 그 재를 넘으며 진달래도 따먹고 맹감도 따먹으며 고향 가는 길을 재현해 보자고 한다. 나는 두 재를 모두 넘어보며 벌써 체험했노라고 했더니 자기도 배바우에 가서 고향사람들한테 그 말을 들었노라고 한다. 내가 십여 년 전에 넘을 때 벌써 묵혀서 아무도 넘지 않아 몇 번이고 길을 잃을 뻔한 곳이다. 그 때 이미 하루에 한 번씩 버스가 들어왔고, 비포장 도로이긴 하지만 윗마을 가욱재가 종착역이 되어 있었다.

그런데 산고동재, 연두산재에 대한 추억이 그는 나와는 영 달랐다. 나는 능주에서 기차를 내려 집으로 오는 추억이 가장 많고, 그 다음은 어머니를 따라 능주장 구경가던 추억이다.

우리 동네에서 능주까지 가는 길은 세 개가 있었다. 하나는 윗마을 쪽으로 올라가 산고동재를 넘는 길이요, 또 하나는 밑 마을을 거쳐 구씨 본관 마을인 정승골을 지나 연두산 고개를 넘는 길 이요, 또 하나는 재를 넘지 않고 면소재지 마을 한천리를 지나 돌아가는 비포장 평길이다.

복동이는 능주장에 가서 팔기 위하여 나무를 지고 넘던 고갯길의 추억이었고, 땔나무를 하러 산에 오르던 추억이었다. 나를 보고 한없이 부러워하는 아이가 있었는 줄도 모르고 나는 내가 한없이 불행한 줄 알았고 재를 넘던 어머니의 가냘픈 모습이 한없이 가슴 아팠다. 나도 어머니를 생각하며 읊은 시가 있다.

〈엄니 따라 장에 가면〉

스산한 바람 불던
가을날 어느 아침
울엄니 뒤를 좇아
능주장에 따라 갔지
치마자락 옷고름이
바람에 휘날리어
능주벌 너른 들판
훨훨 날아 흘러가데
못난 과일 추켜들던
울엄니 손등 가엽어라
달구어 빛나던
옹기전 빛깔이
울엄니 얼굴에
무심히 비추일 때
그 중에서 제일 못난
단지 하나를 추켜 들데
울엄니 성긴 가르마
햇빛에 붉으시니
영벽정 푸른물 보며
다시 넘던 상고동 고개

복동이는 평생에 후회되는 일이 딱 하나 있다고 한다. 그 때 죽는 한이 있더라도 고아원을 나오지 말았어야 한다는 것이다. 고아원에만 있었더라면 그래도 중학 정도는 졸업했을 것 같다고 한다. 누님 집에 와서도 허기만 채우고 다시 고아원을 들어갔어야 했는데 누님이 도저히 놓아주지 않았다고 한다.

복동이는 자기의 자작시를 수도 없이 가지고 있었다. 앞의 시 말고도 몇 편을 더 들려준다. 또 당시唐詩를 좋아 한다면서 두보, 이백, 백낙천, 위응물의 시가 줄줄이 나온다. 또 우리나라의 명시들을 모조리 알고 있다. 서산대사의 시라며,

문득 듣노라
창밖 두견새 우는 소리
눈 가득 봄산이 모두 다 내 고향일세

"잠깐, 잠깐! 자네 지금 그 시들을 보고 읽고 있는가, 외고 있는가?"

"읽기는? 지금 일이 다 끝나고 혼자 남아서 뒤치다꺼리 하다가 전화한 건데."

그는 시인이었다. 경지에 도달한 시인이었다. 그런데 그만 내가 시덥잖은 충고 같은 것을 하고 말았다.

"시란 시상이 떠올랐을 때 한두 수 읊는다고 해서 되는 것이 아니고 계획적이어야 하네. 하나의 시집이 되려면 한 3백편은 모아져야 하네. 3백편을 모으려면 5백편은 써야 버릴 건 버리

고 3백편이 되지. 이제부터는 어떤 일이 있어도 최소한 일 이주일 만에 한 편씩은 쓴다고 계획을 세우고 써보게. 그래야 겨우 평생에 한 권의 시집이 나올까 말까지."

(1999. 2)

어머니의 손

요새 나는 손바닥을 계속 들여다본다.

그럴 이유가 있다. 얼마 전부터 오른 손 무명지 하나가 말을 잘 듣지 않는다. 주먹을 쥐었다 펴면 일제히 펴지는 것이 아니고 무명지만 한 박자 늦게 펴지는 것이다. 오무라진 손가락 하나가 한참 있다가 메뚜기처럼 톡 튀는 형식으로 겨우 제자리로 돌아오는 것이 아닌가. 큰일 났다 싶어 침도 맞아 보았으나 별로 효과가 없다. 이제는 장력掌力을 키우는 작은 압력기를 사다가 책상 위에 놓고 수시로 손바닥 쥐기펴기 운동을 한다. 학교에도 호도알 굴리기 같은 수침구手針球를 사다 놓고 수시로 손바닥에 올려놓고 힘껏 쥐었다가 펴기도 하고 굴려 주기도 한다.

얼마 전, 사람들과 만난 자리에서 그런 애로사항을 이야기

하였더니 한 분이 자기도 그런 적이 있다면서 일시적인 현상이라고 했다. 자기도 그러다가 어느 때부터인가 정상으로 돌아왔다고 한다. 큰일은 아닌 모양이구나 하면서도 운동은 계속하고 있다. 손가락이 말을 듣지 않으면 이만저만한 일이 아니다. 글씨 쓰기도 그렇거니와 키보드 두들기기도 지장을 받을 테니 말이다.

이렇게 매일 손바닥을 들여다보던 어느 날, 나는 갑자기 그 손바닥과 어머니의 손바닥이 겹쳐 보이기 시작하였다. 지금도 기억이 생생하다. 어머니는 나의 고사리 같은 손바닥을 펴서 당신의 손바닥과 맞추시며 짐짓 놀라신 척,

"에게게! 이렇게 작은 손이 언제 엄마만큼 클꼬?"

그 때 어머니의 손은 과연 거인의 손이었다. 내가 네 다섯 살이나 되었을 때 일인 것 같다. 어머니는 그 뒤로도 심심찮게 손 맞추기를 해보이셨다.

나에게 있어서 어머니는 하늘이요 태산이었다. 어머니의 손을 잡고 걸으면 이 세상에 무서울 것이 하나도 없었다. 길 가다가 상이군인을 만나도, 무서운 개를 만나도 어머니의 손만 꼭 잡고 있으면 모든 것은 해결이었다. 더 무서우면 어머니의 한복 치마폭을 잡고 뒷서면 되는 것이고 어머니의 등 뒤에 서기면 하면 되는 것이다. 그 치마폭은 천군만마와도 같은 아군이었고 그 넓은 등은 태산과도 같은 방패막이었다.

아버지는 돌아가시기 전에 어머니에게 세 가지 유언을 하셨

다. 딸들은 필요 없고(?) 아들하나만 잘 기르면 되는 것이니, 첫째 아들을 업고 돌담 밑에 서지 마라. 둘째 평생 아들에게 보약을 먹이라. 셋째 끝까지 가르쳐서 외국유학까지 보내라.

당시 사회에서 딸만 줄줄이 넷을 낳고, 마지막으로 아들 하나를 낳으시고, 그나마 10개월 만에 아버님은 돌아가셨으니 그 말씀을 이해 못하는 바는 아니다. 그러나 아버님의 남아선호사상과 그 유언을 한 치의 오차도 없이 대물림으로 지키시는 어머님 때문에 나는 위로 네 누나들에게 천근같은 빚을 지고 살아가게 된 것이다.

그 때 시골은 모두가 돌담이었다. 흙도 섞지 않은 돌담에서는 언뜻하면 돌들이 떨어지고 담이 무너졌다. 아들을 업고 그 위험한 돌담 밑을 가지 말라는 엄명이셨다. 누나들은 누구나 나를 업고 나갈 때는 그 수칙을 지켜야 했다.

또 몸이 약한 나에게 보약을 먹이라는 아버님의 유언에 따라 우리 집에는 항상 벌나무가 몇 통이고 자리하고 있었다. 뒤안 남쪽 양지바른 벌통에는 항상 벌들이 웅웅대고 있었다. 꿀을 가득히 머금고 꽃가루를 발에 가득히 묻혀 와서 저공비행으로 착륙하여 둥근 벌통으로 들어가는 벌들을 보고 자라왔다. 어두컴컴한 마루방에 들어서면 내가 먹어야 할 꿀단지가 줄지어 있었고 나는 하루에 한 통 씩도 먹은 적이 있다. 그리고 새벽이면 반드시 생달걀을 하나씩 깨먹어야 했다.

나는 철이 들면서부터 외국유학이라는 단어를 알고 있었다.

어머니는 그것이 지상명령임을 나에게 주입시키셨고, 나는 그것을 지키지 않으면 절대 안 되는 것으로 알고 자랐으며, 결국 나도 기어코 그 약속을 지켰다.

그런데 그처럼 태산 같으시던 어머님이 그처럼 가볍다는 사실을 알고 소스라쳐 놀란 적이 있다. 어머님은 임종하시기 삼사년 전부터 거동이 불편하셨다. 나는 어머님을 들어서 화장실에도 모시고 가고 요강에도 앉혀드리곤 하였다. 그런데 그 어머니가 짚 한 다발을 드는 것만큼이나 그토록 가벼우시다니…. 그리고 병원에 계실 때 어머니 손을 잡아 보았다. 그처럼 크시던 손이 그 때는 어찌나 작던지 내 손 안에 쏙 들어오지 않은가.

이제 그 거인의 손을 가지셨던 어머님은 이 세상에 계시지 않는다.

나는 오늘 아침 강변에 아침운동을 나갔다가 흐린 구름 속에 숨어 구름을 밝게 배이고 있는 밝음을 보다가 어머님의 얼굴이 떠올랐다.

인간의 정말 고향은 어디일까. 그것은 자기가 태어난 곳도 아니요, 하늘나라도 아닌 것 같다. 인간의 영원한 고향은 바로 어머니가 아닐까.

(1999. 9)

나의 뻐꾸기 친구

'동물의 세계' 프로에서 뻐꾸기의 비밀을 시청하였다.

뻐꾸기는 남의 새집에서 부화한다. 나뭇가지 위에서 개개비가 알을 낳는 모습을 지켜보고 있다가, 어미새가 날아간 틈을 타서 둥지로 날아와 개개비의 알 하나를 깨서 먹고는 그 자리에 자기 알을 하나 낳아서 넣는다. 개개비는 자기 알인 줄 알고 함께 품어준다. 어미새의 알보다 약간 먼저 부화한 뻐꾸기 새끼는 태어난 지 하루밖에 안 되는 데도 약간 늦게 태어난 개개비 새끼며 알들을 입이나 날개로 밀어내어 모조리 밖으로 떨어뜨려 버리고 만다.

개개비 어미새는 자기 새끼인줄 알고 밤낮을 가리지 않고 먹이를 날아다 먹인다. 뻐꾸기 새끼의 크기가 개개비 어미새보다 두세 배쯤 큰 데도 자기 새끼인줄 알고 벌레며 메뚜기를 열심히 잡아다 먹인다. 날갯짓을 하고 둥지를 나와서 옆가지에 앉아 비상飛翔을 연습하는 도중에도 더 부지런히 먹이를 날라다 먹인다.

그 때 진짜 뻐꾸기 어미가 가까운 나뭇가지들을 옮겨 다니며 뻐꾹! 뻐꾹! 신호를 한다. 드디어 날갯짓을 하게 된 뻐꾸기 새끼는 어미 뻐꾸기를 따라서 하늘 높이 멀리 사라진다.

저 얄미운 뻐꾸기. 이 조화가 무슨 조화일까? 이 무슨 해괴한 조물주의 장난이란 말인가. 내레이터의 말이 오랫동안 여운을 남긴다.

"그러나 그것은 인간의 상식만으로 해석할 문제일는지……."

언뜻 떠오르는 나의 뻐꾸기 친구.

Y는 나의 고등학교 동기이다. 학교가 같은 것은 아니고, 같이 운동을 하면서 사귄 친구이다. 나는 중학교 때부터 기계체조에 빠져들었다. 평행봉이며 철봉에 매달리고, 재주넘고, 돌고 하다가 어느 날 내가 남보다 소질이 뛰어나다는 것을 발견하였다. 그 때가 고등학교를 갓 올라 갔을 때였던 것 같다.

나는 이럴 것이 아니고 정식으로 운동을 해야겠다고 마음먹게 되었다. 그러나 우리 학교에는 기계체조부가 없었다. 이웃 K고등학교는 기계체조로 유명했고 또 나의 사촌 형, 동생이 모두 그 학교를 다니고 있었다. 그래서 K고등학교에 정식 협조요청을 하기에 이른 것이다. 그들은 기꺼이 나를 자기들 클

럽 안에 끼워주었다. Y는 K고등학교의 나와 같은 학년의 기계체조부원이었다.

고등학교를 졸업하고 대학을 가면서 우연히 Y와 나는 같은 대학을 가게 됐다. 둘이 다 외국어문계열을 택했는데 학과는 같지 않았지만 모두 외국어에 출중한 소질이 있었던 것 같다.

나는 학교 앞 가까이에 하숙집을 정하고 있었는데 그는 학교에서 먼 곳에 숙소가 있었다. 그래서 그는 학교에서 걸어서 10분도 안 걸리는 거리에 있는 내 하숙집에서 살다시피 하였다. 그는 완전히 나에게 기생寄生하며 살아가고 있었다. Y는 무엇이나 나를 시켜 앞장을 서게 하고 실속은 자기가 챙기는 짓을 예사로 하고 있었다.

은순이는 내 하숙집 옆집에 사는, 앞 도로가의 문방구점 딸인데 나를 무척 좋아하던 처녀이다. 그녀는 시골에서 고등학교를 졸업하고 엄마 아빠를 따라 상경하여 집안일을 돕고, 가끔 문방구일도 보곤 하였다. 통통하고 복스럽게 생긴데다가 살결이 무척 고운 아이였다. 문방구점 안집이 내 하숙집 옆집이기 때문에 항상 나와 얼굴이 마주치곤 하였었다. 나는 생전 처음으로 연애편지라는 것을 그녀에게서 받아 보기도 하였다.

그 뒤 어느 날, 은순이는 자기 평생에 가장 큰 용기를 내어 우리 하숙집 대문을 들어섰다. 얼굴이 홍당무가 되어 내 방으로 들어 온 그녀는 선물을 한 보따리 풀어 놓았다. 거기에는 자기 문방구점에서 팔고 있는 좋은 물건이 다 들어 있었다.

연필, 볼펜, 두꺼운 노트, 앨범, 컴퍼스, 분도기, 그리고 제일 인상적인 것은 질기기로 소문난 낙하산 양말이다. 그 양말을 나는 학교 다니면서 내내 신고 대만 유학 5년이 끝날 때가지 신었으며, 목에 고무줄이 하나도 없이 다 늘어져 흘러내려서 못 신을 때까지 신었었다.

은순이가 내 하숙집에 놀러오면 하숙집 과부 딸은 농담 겸 시기심 섞인 말투로,

"너 양근이 학생 보러 왔지!"

하고 놀려대곤 했다. 그럴 때면 그녀는 도망을 치듯 다시 나갔고, 그녀의 바삐 나가던 뒷모습이 지금도 눈에 선하다. 나는 지금도 그녀의 편지내용을 달달 외울 수 있을 정도이다.

그런데! 그런데 말이다, 그 은순이를 나없는 사이에 Y가 놀러 왔다가 이문동 뒷산에 가자고 해서 어쩌고 저쩌고 했다지 않은가.

어느 땐가는 Y와 내가 이웃대학의 요업공예과 여학생을 사귄 적이 있다. 나와 사귀게 된 A여인은 지적으로 생긴 미인형이었고, Y가 사귄 B여인은 더 건강하고 활달한 편이었다. 나는 A여인에게서 순정 같은 것도 느꼈으며 장래까지도 생각해 본 적이 있다. 그런데 Y가 B여인을 만나러 이웃대학에 갔다가 B여인을 만나지 못하고 우연히 A여인을 만나자 뒷산에 산딸기 따먹으러 가자고 했단다. 그리고는 그만 숲속에서 A를 범했노라고 재미지게 웃으며 이야기를 들려주는 것이 아닌가.

그 뿐인가. 내 하숙집에는 과부 딸이 있었다. E여대를 나온 멋쟁이 여인인데 시집간 지 1년도 못되어 헤어지고 친정에 와 있었다. Y가 어찌나 유들유들하고 붙임성이 좋은지 어느새 그녀와 의남매(실제는 그렇고 그런 사이)니 뭐니 하는 사이가 되어 있었다.

그 때 우리는 졸업이 다가오고 있었으나 취직이 참으로 까마득한 일이었다. 그런데 Y는 그 과부 딸이 소개한 친척 아저씨 덕분에, 졸업이 몇 달 남았는데도 벌써 S은행 본점의 외국담당 사원으로 특채되었었다.

그리고는 오늘까지 30여 년의 세월이 흘렀다.

얼마 전 옛 기계체조 친구들과 아~주 오랜만에 해후가 있었다. 그런데 Y는 은행합병 건으로 나오지 못한다고 했다. 60을 바라보며 S은행 본점의 이사가 되어 있는 그를 이제는 용서해 줄려고 했는데. 20년 전쯤에도 이런 기회가 한 번 있었을 때 나오지 못하더니 이번에도 나오지 않았다. 나의 빼꾸기 친구는.

(2001. 12)

사자 등에 사는 벼룩

청숫골 나루터에서 바라보는 태양은 많은 상념에 잠기게 한다. '청숫골 나루터'라는 팻말은 영동대교 남단의 방음벽 끝자락에 둬 자[尺] 높이로 세워져 있다. 그 곳이 옛날 청숫골 나룻터였는데 강원도로 가는 고기배가 여기서 출발했으며, 남쪽의 농산물을 북쪽으로 나른다거나 사람이 도강渡江할 때도 이용하였다는 짧은 내용이 음각되어 있다. 이 팻말이 있는 곳이 내가 아침운동의 마지막 지점이다. 대개의 사람들은 같은 강변 오솔길을 거닐어도 한갓진 이 팻말까지는 오지 않기 때문에 발견하기가 쉽지 않다.

나는 이곳까지 속보速步하여 빠른 숨을 고르며 동쪽 하늘을 본다. 그 때쯤 잠실벌 뒷산이 벌겋게 물들기 시작한다. 한참 있으면 커다란 붉은 해가 뾰쪽이 얼굴을 내민다. 천지에 불을 밝히는 엄숙한 순간이다. 조금 있다가 이내 태양은 완전히 전신을 드러내고 두둥실 높이 떠오른다. 지구가 돌아가는 속도가 그렇게 빠른지 놀라지 않을 수 없다.

그리고 지구가 항상 같은 방향으로만 돌지 않는다는 것을 알 수 있다. 항상 비추이던 곳의 햇살이 언제부턴가는 비추지 않고, 항상 비추이던 곳에 언제부턴가는 그림자가 드리워지곤 한다. 해 뜨는 시간도 계절에 따라 모두 다르다. 옛날 미개한 시절이었다면 신기하다 못해 원시 과학자의 꿈을 키웠음직하다. 그래서 지구의 공전 자전도 찾아내고 태양력도 그리고, 계절의 변화도 알아내고…. 그러나 그런 것은 이미 초기 발상법에 의하여 모두 해결 나고 말았다.

그런데 다시 생각해도 신통한 일은 지구가 무척 빠른 속도로 돌고 있다는 사실이다. 그리고 이 지구는 모래알처럼 많은 하나의 극히 작은 별이란 사실이다. 지구별을 타고 무궁한 우주를 엄청난 속도로 비행하고 있는 나는 우주의 참으로 미세한 하나의 생물임에 틀림없다.

사자의 등에서 태어난 한 마리의 벼룩만도 못한 존재였다.

그 벼룩이 어느 날 생각했다고 하자. 나는 누구인가 하고. 그러다가 차츰 진실을 알아냈다. 나는 벼룩이고, 내가 살고 있는 곳은 바로 사자 등이라고. 그래서 다른 벼룩들에게 이 신통한 사실을 알려주기 시작했다. 그러나 다른 벼룩들은 별 관심이 없다. 자꾸 귀찮게 굴면 한 방씩 쥐어박아 버리기도 한다.

그 벼룩은 답답하기 짝이 없었다. 어느 날은 혼자 대탐험의 길에 올랐다. 이 사자를 정복해버리고 말겠다는 결심이었다. 그는 기어서 배를 한 바퀴 돌며 배꼽도 발견하고 얼굴로 가서 눈이 있다는 것도 알아내고 꼬리 끝에까지 가보고도 왔다. 네 개의 기둥이 있는데 연구한 결과 그것이 다리라는 것도 알아냈다.

그것을 알고나서부터 벼룩은 무서웠다. 괜한 것을 알았나 하고 후회도 해 보았으나 그것을 안 이상은 이제 돌릴 수 없는 혼자만의 고민거리가 되고 만 것이다. 다른 벼룩들이 따뜻한 햇살을 받으며 대낮의 오수를 즐길 때도 이 벼룩은 말없이 이들을 지켜보고 생각에 깊이 잠기였다.

그러던 어느 날, 다른 많은 벼룩들이 자기가 살고 있는 사자 등으로 기어 올라오고 있었다. 이 벼룩은 그들이 어디서 오는 벼룩인가고 물어보았다. 모두가 그것을 알만한 벼룩이 아니었으나 그 중 생각이 깊은 듯한 한 벼룩이 말을 받아주었다. 자기들은 멧돼지에서 살던 벼룩인데 큰 일이 생겨서 이곳으로 이주하여 오는 중이란다. 무슨 큰 일이 일어났는가 물어보자, 여러 가지 상황으로 미루어 보아 자기가 타고 있는 사자가 그들이 타고 있는 멧돼지를 잡아먹고 있는 것이었다. 그래서 할 수 있는 점핑을 다하여 사자의 얼굴의 한 털에 붙기도 하고 발목에 붙기도 하여 기어오르고 있는 중이며 나머지는 어떻게 되었는지 자기도 모른다고 하였다.

그런데 어느 날부터는 이상했다. 그 빠르던 사자 등가죽의

박자가 현저히 달라지고 있었다. 걷는 속력이 느리고 누워있는 시간이 길어지고 있는 것이었다. 사자는 물소를 잡다가 그만 뿔에 갈비를 받치고 만 것이다. 그 물소를 먹는 것을 마지막으로 사냥이 어려워졌다. 아무리 작은 토끼 한 마리를 잡으려 해도 전력질주를 해야 하는 것이 사자였고 그나마도 성공률은 20%에 지나지 않는다. 그런데 이제는 갈비가 저려와서 그 빠른 동물들을 도저히 따라 잡을 수가 없었다. 매 끼니 사냥을 해서 신선한 고기만 먹어야 하는 이 불행한 동물은 달릴 수 없으면 죽음인 것이다.

어느 날부터는 오랫동안 움직이지 않았고 박동도 약해지더니 한 순간에 꼼짝도 하지 않았다. 그런데 사자 가죽에서 갑자기 큰 파도가 일기 시작했다. 하이에나 떼가 그 사자를 뜯어먹고 있는 것이었다. 모든 벼룩들은 있는 힘을 다하여 점핑을 하였다. 이 벼룩도 힘껏 점핑을 하였으나 하이에나의 털에는 붙지 못하고 땅에 떨어지고 말았다. 다른 수많은 벼룩들도 땅에 떨어져 정처 없는 점핑을 계속하고 있었다. 이 벼룩은 생각했다. 무조건 점핑만 할 것이 아니고 하이에나를 향하여 가며 점핑을 계속해야 한다고. 그는 점핑에 점핑을 계속하여 어느 한 마리의 하이에나 발밑까지 왔다. 하이에나의 발목인 듯한 민둥산이 보였다. 그는 힘껏 마지막 점핑을 하였다. 그래서 드디어 발목으로 기어오를 수 있었고 무성한 숲을 지나 등 쪽으로 오르고 있었다. 사자 등에서 하이에나 등으로 삶의 터전이 바뀐 것이다.

이 벼룩은, 벼룩 중에서는 처음으로 자기가 참으로 보잘 것 없는 존재라고 생각했다.

(2002. 8)

정은이 모녀

나는 여대 1학년 전공과목을 맡고 있다. 덕분에 막 들어온 꿈 많은 신입생들을 상대로 나의 특기인 그 열변을 펼 수 있다. 사십 년 전의 자신의 모습을 그리며……. 학생들은 무척 감격하는 눈치이다. 또 나는 학생들에게 반드시 내 연구실을 한 번 들를 것을 빠뜨리지 않는다.

"내 연구실은 항상 개방되어 있다. 일 년 강의가 다 끝날 때까지 내 연구실에 와서 차茶 한 잔 같이 마시지 않는 학생은 학점 주기가 곤란하다."

라는 선의의 으름장까지 놓는다. 학생들은 웃음꽃이 피고 무척 좋아하는 눈치이다. 그러나 좀처럼 용기를 내서 연구실에 들르지는 않는다.

그런데 어느 날, 무척 한가한 오후에 어느 학생 하나가 혼자

연구실을 찾아왔다. 그리고는 다방면의 인생면담을 했다. 그 학생은 피부가 흑진주 같이 고운 이국적인 학생이었다. 이 이야기 저 이야기 하다가 그의 가정 사정을 대충 알게 되었다.

정은이는 자기 어머니와 단 둘이 살고 있다. 아버지는 한 번도 뵌 적이 없지만 대만臺灣 어느 선박회사의 선장이라고만 했다. 그리고 대만의 아버지와는 세 살까지 살았고, 그 때 소꿉장난하던 대만의 골목이 꿈인지 생시인지 어렴풋이 기억난다고 했다. 말하는 것을 들어보니, 정은이는 그 인연과 그 아버지를 만나보고 싶은 마음으로 중문과를 택한 것이었다.

정은이는 그 뒤로도 심심찮게 내 연구실을 들러 이것저것 여러 가지 상담하기를 좋아했다. 정은이는 학교 근방으로 이사 와서 어머니와 셋방살이를 하고 있었다. 어머니는 아르바이트로 동사무소에서 호적정리를 도와주는 일을 한단다. 그러던 어느 날 정은이 어머니에게서 전화가 걸려왔다.

"나 정은이 엄만 데요. 교수님을 한 번 뵈려가도 될까요?"

너무나 의외였으나 마치 잘 아는 사람에게 전화하는 것처럼 걸려온 전화를 나는 거절할 명분이 없었다.

연구실에 들른 정은이 어머니는 듣던 대로 첫눈에도 화가의 모습이었다. 정은이 어머니는 마치 나에게 자기의 과거를 모두 고백하지 않으면 안 되는 의무라도 있는 양 모든 것을 털어놨다.

그런 일이 있은 지 얼마가 지난 어느 날, 또 정은이 어머니

한테서 연구실을 들러도 되느냐는 전화가 왔다. 이번에는 자기와 정식 결혼까지 한 그 대만 선장을 찾을 길이 없겠느냐고 진지한 상담을 한다. 나는 그 자리서 평소부터 잘 아는 대만 문화참사처의 한 외교관에게 전화를 걸어 자세한 다리를 놓아 주었다.

자기 아버지의 거처를 알아낸 정은이는, 한국말을 한 마디도 모르는 아버지를 찾으러 대만으로 날아갔다.

돌아온 정은이는 대만에서 지낸 이야기를 자세히 들려주었다. 상당히 실망을 했다는 얘기며, 그러나 비록 외국인이지만 처음으로 아버지와 자기 피붙이들을 만난 감격을 모두 털어놨다.

"거 봐라. 내가 뭐랬어? 만나보면 실망만 할 거라고 했잖아."

"저도 각오는 했어요. 그러나 일단 만나보고 나니 한을 풀었네요."

드디어 정은이의 졸업식 날이 되었다. 졸업식 날이라고 하지만 요새는 시대가 변하여 학생들이 교수실에 들르지도 않고 모두 운동장에서 뿔뿔이 흩어지고 만다. 그러나 행여나 누구라도 찾아올지 몰라서 온종일 연구실에서 책을 보고 있었다. 느지막하게 방문을 노크하는 소리가 들렸다. 정은이였다. 모처럼 정장을 하고, 가운을 손에 들고 백설처럼 하얀 머플러를 목에 두른 정은이는 이제 완연한 성인이었다. 나는 반갑게 맞아주었고 내가 할 수 있는 격려를 다해 주었다. 정은이는 연구실을 나간지 십여 분 후에 다시 교문 밖에서 전화를 했다.

"교수님! 오늘은 이 말씀은 꼭 드리려고 했는데 못하고 나오고 말았네요. 지금이라도 말할래요. '저는 교수님을 만나기 위해 ××여대에 왔나봐요'……"

몇 개월이 지난 어느 날, 수업이 끝나고 늦게까지 잡무를 처리하고 있는데 정은이 어머니한테서 전화가 걸려왔다. 잠깐 연구실에 들러도 되느냐고.

이번에는 20년 전 자기 친구를 찾고 싶다는 상담이었다. 그 친구와 해수욕장을 다닌 기억, 둘이서 캔버스를 메고 그림을 그리려 산천을 헤매던 기억이 생생하다고 했다. 그런데 누구한텐가 들으니 그가 대학교수가 되었다고 하드란다.

대학교수라면 찾기가 뭐가 그리 힘들겠는가, 인터넷만 들어가도 나올 텐데, 했더니 집에 컴퓨터가 없다고 한다. 나는 즉시 컴퓨터를 키려 책상 앞으로 갔다. 이 광경을 본 정은이 엄마는 불안한 몸짓을 한다. 즉시 나오면 어떨까 하는 불안감과 또 얼마전의 기억이 되살아나서라고 한다. 얼마 전, 같이 그림을 그리던 선배언니를 만났었는데 서로가 무척 반가워했단다. 그런데 전화하겠다던 그 언니가 오늘까지 전화가 없단다. 서운해서 울었단다. 이 친구도 그러면 어떻게 하느냐고 금방 눈물을 글썽인다.

검색 사이트에 들어가서 장×× 교수만 쳤는데도 관련 사이트가 여러 개 뜬다. 한 곳에 들어가니 서울의 유수 대학이 나오고 장×× 교수의 선명한 사진과 함께 화려한 약력이 펼쳐진다. 이메일(E-mail) 주소도 나온다. 정은이 엄마가 부르는 것을 내가 쳤다.

"장××! 설마 네가 나를 모를라고? 나 박××야! 어렸을 때 여수 바닷가에서 뛰어 놀던 그 박×× 말이야……."

전화는 집에 가서 조용히 다시 하겠다고 메모지에 써서 보관한다.

나는 귀가하기 위하여 가방을 챙겼다. 정은이 엄마와 같이 운동장에 나오자 초저녁의 불빛이 아름답고 초겨울 날씨의 맑은 바람이 뺨을 스치고 지나간다.

"교수님! 정은이는 지금 학원선생을 하고 있어요. 그런데 제 아버지를 찾아서 대만을 가겠대요. 정은이가 한국을 떠나 버리면 저 혼자 어떻게 살지요? 저는 지리산으로 들어갈까 해요? 지리산 자락의 한 마을에 부탁을 해 두었어요. 요새 집을 버리고 도시로 떠난 사람이 많기 때문에 폐가가 많대요. 그런 집을 하나 헐값에 사서 그림도 그리고 약초도 캐며 살래요."

얼마 후, 출근하여 전화기의 녹음 스위치를 누르자, 정은이 엄마 목소리가 선명하다.

"교수님. 그 장×× 친구 말이에요. 이메일 답장도 없구요, 자기 학교 전화기에 녹음을 해놨는데 몇 주일이 지났는데 아직도 전화도 없구요…."

정은이 엄마는 울먹이다가 전화를 끊었다.

(2001. 12)

4부

꽃의 인연

꽃을 보면 생각나는 사람이 있다. 이 꽃은 이 사람, 저 꽃은 저 사람. 이것은 나 혼자만의 비밀 같은 것이다.

라일락! 이 꽃을 보면 수일이의 딸 ○○이가 생각난다. 수일이와 나는 대학동창이다. 우리는 상당히 친한 사이였다. 어쩌면 시골 출신자인 내가 서울 출신자인 친구를 하나쯤 사귀고 싶다는 욕망과, 역으로 서울 출신자인 수일이가 촌놈 친구를 하나쯤 가지고 싶다는 바램이 상호작용 했을지도 모른다.

내가 후암동 수일이 집을 가보고 놀란 것은 그가 엄청난 부자라는 사실이었다. 수일이 집에를 가보고 처음으로 실내에서 개를 기를 수 있다는 것도 알았다. 수일이가 이층 자기 방으로 올라가자 큼지막한 서양형 개가 수일이의 부르는 소리에 따라 뛰어 올라가 앞장섰다. 그가 저동으로 이사했다고 해서 가보았더니 샹들리에가 달린 넓은 응접실 밖으로 잘 손질이 된 정원이 한눈에 바라다 보였고, 정원수 가운데서 분수가 솟구치고 있었다. 수일이 방으로 가는 이층 층계에는 붉은 카페트가 어느 궁전처럼 깔려 있었다.

그는 같은 동네에서 자랐다는 여학생도 많이 알고 있었고, 또 같이 교회에 다녔다는 여학생도 많이 알고 있었다. 나는 그저 부러운 눈초리로 바라보았다. 아니, 부럽다기보다 차라리 신기한 대상으로 그를 바라보았다.

그가 어느 의대 다니는 여학생과 연애한다는 사실도 알았다. 자기 집에 놀러온 그 의대생의 가방 속에서 청진기를 꺼내, 줄이 너무 길다면서 장난삼아 가위로 잘라내고 청진기를 내 가슴에 대고 있다가, 그 여학생으로부터 우습게 두들겨 맞던 모습도 생생하다.

그 뒤로 학교를 마치고 나는 10년 이상이나 외국생활을 하였고, 돌아와서도 시간강사를 합네, 취직자리를 알아보네 하며 또 몇 년간이나 바쁜 시간을 보냈다. 그러다가 한숨을 돌리고 보니 수일이와 나는 같은 단지 내의 아파트에서 살고 있었다. 수일이는 분가해서 사업을 하고 있었고, 부인은 조그만 동네병원을 가지고 있었다. 슬하에 자녀는 딸만 둘을 두고 있었다. 그런데 내가 수일이 집엘 갈 때마다 밑에 아이만 나와서 인사를 하고 윗아이는 아프다고만 하고 눈에 띄지 않았다.

그러던 어느 날, 수일이 집에 갔을 때 저쪽 방에서 어떤 여자아이가 문을 열고 그 가느다란 체구를 드러냈다. 휴학을 해서 그렇지, 다니면 중학 졸업반이 된다는 ○○이의 몸매는 눈송이로 만들었는지 바람만 불어도 날아갈 듯 희고 연약해 보였다. 홍루몽에서 묘사되던 오吳나라의 서시西施를 연상케 했다. 너무나 애처롭고 착하게만 생긴 한 송이 흰 꽃이었다.

"○○아! 아빠 친구다 인사드려라."

"안녕하세요."

"네가 ○○이냐? 참 이쁘구나."

○○이와 말을 해본 것은 이것이 전부이다. 그리고 몇 년 후 ○○이의 부음訃音을 듣고 영안실로 갔다. 자기가 성당에서 즐겨 부르던 찬송가를 들으며 "천사……"를 부르며 숨을 거두었다고 한다.

그 날 밤을 새워 주지도 못하고, 나는 내 생활의 궤도를 따라 다음 날도 직장에 출근을 하였다.

직장의 후문은 건물의 층계를 따라 올라가게 되어있다. 긴 층계를 다 걸어 넓은 잔디밭 평지에 올라섰을 때, 해묵은 라일락나무에는 취할 듯이 진동하는 라일락이 만개해 있었다. 나는 거기서 한참동안 저 멀리 인수봉을 바라보며 조용히 ○○이의 명복을 빌었다. 그 뒤로는 해마다 라일락만 보면 ○○이가 생각난다.

산수유! 이 꽃은 내 은사의 어머님을 연상케 하는 꽃이다. 은사께서는 어머님에 대한 사랑이 유별나셨다. 당신의 몸이 어디 있건 어머님 계신 곳이 은사님의 고향이었으니 그 고향은 움직이는 고향이었다. 그러나 은사 댁을 방문하여도 어머님의 모습은 좀처럼 볼 수가 없었다. 자존심이 강하신 은사의 어머님은 거동이 불편하시고 앞이 보이지 않으면서부터는 자식 며느리의 체면을 생각해서인지 일체 방문출입을 하지 않으셨기 때문이다.

그러던 어느 날, 우연히 손녀가 그 방에 볼일이 있었는지 문을 열었다. 열린 문으로 잠깐 비친 그 어머님의 자태는 이 세상 사람의 모습 같지 않았다. 넓은 방 한가운데 소복을 하고 단정히 앉아 계신 그 어머님은 이 세상 모든 풍파를 다 겪고 이제 마지막을 기다리고 있는 숙연한 모습이었다.

그로부터 얼마 후 부음을 받았다. 서울 집에서 운구運柩 버스가 은사의 고향으로 출발할 때, 나는 집에 전화도 없이 훌렁 버스에 몸을 실었다. 한나절을 걸려 도착한 은사의 고향 마을은 처음 와 본 곳 같지 않게 눈에 익고 정겨웠다. 은사의 옛집은 지체 높은 옛 선비가 살던 조촐한 기와집이었다. 대문 앞에는 아름드리 고목의 감나무가 우리를 맞이하였다.

그런데 나는 아까부터 한 꽃나무에 자꾸 시선이 가고 있었다. 그 마을에 들어서면서부터 냇가를 타고 쭉 피어 있는 별 같이 노란 꽃, 처음 보았던지 혹은 늘 보았지만 지금까지는 무심코 보아 넘겼던 꽃이다. 나더러 이름을 지으라 한다면 '별꽃'이라 부르고 싶은 노란 꽃. 다른 나무에는 아직 움도 트지 않은 사이에, 잎도 없이 가장 먼저 꽃을 피우고 하늘하늘 춤추는 꽃. 냇가에만 피어 있는가 했더니 다시 보니 그 마을에는 거의 집집마다 그 꽃이 담 너머로 얼굴을 내밀고 있다. 그 곳 지방대학에서 문상오신 분에게 꽃의 이름을 물었더니 산수유라고 한다.

나는 그 일이 있고나서부터 첫 봄을 알리는 노란 산수유가 필 때면 은사님의 어머님을 생각한다. 아니나 다를까 은사께서는 해외에 교환교수로 나갔다가도 꼭 이 때쯤이면 일시 귀국을 하신다. 다른 분들은 무슨 일이 있어서 들어 왔겠지 하겠지만 나는 기일忌日 때문에 오셨다는 것을 잘 알고 있다.

이렇게 하여 라일락과 산수유만 보면 꼭 생각나는 사람이 있었는데, 오늘부터는 또 하나의 꽃과 인연을 맺게 되었다.

대학동창 주로 때문에 그렇다. 주로는 우리 동창 가운데서 말수가 적고 착실하기로 이름난 모범학생이었다. 그는 학교를 졸업하자마자 외국항공사에 취직을 했는데 그 곳에서 한국인 스튜어디스와 연애를 하였다. 주로는 무척 만족해 하였고 우리도 모두 진심으로 축하해 주었다. 직장에서 자기 생일 축하연을 열어주는데 그 스튜어디스가 '치파오(중국식 원피스)'를 입고 참석했단다. 다른 동료들은 그녀가 왜 치파오를 입고 왔는지 아무도 모른다면서 무척 재미있어 하고 자랑스럽게 이야기하던 모습이 생생하다. 즉 자기가 중문과 출신이어서 중국어를 할 줄 알고 중국친화적인 인물이어서 자기만을 위하여 입고 나왔단 것이다.

그런데 이제 우리도 나이가 들었다. 두 서너 달 만에 한 번씩 부정기적으로 만나는 동창들이지만 이제 완연한 중년들이다. 돈이 많은 친구도 있고, 사업에 실패한 친구도 있고, 홀로 된 여학생 동창도 있다. 그리고 주로의 부인이 암으로 투병하고 있다는 소식은 모두가 벌써부터 알고 있었다.

부음을 받고 밤중에 강남병원의 영안실을 찾아 나섰다. 어느 병원이고 영안실은 별로 안내표시가 없다. 아마 다른 환자들의 위화감을 조성할까 봐서 그런 모양이다. 하지만 영안실은 대개 모퉁이 한갓진 곳에 있기 마련이어서 아무런 화살표가 없어도 찾게 되어 있다. 그러나 그 병원은 큰 병원이어서 그런지, 아무리 뒤쪽으로 돌아가 보아도 영안실 같은 곳이 나오지 않았다.

그렇게 헤매다가 어느 모퉁이를 돌아섰을 때, 갑자기 전등이 휘영청 밝게 켜져 있고 그 불빛 아래 눈덩이처럼 하이얀 목련꽃들이 함박만큼이나 크게 활짝 피어 있다. 너무나 희고 고와서 나는 발걸음을 멈추고 한참동안이나 그 꽃을 감상하였다. 수정 유리관 안에 박힌 듯 꼼작도 안하고 서 있는 백목련이 갑자기 친구 부인의 얼굴과 겹쳐 보였다.

이제부터는 목련을 보면 생각나는 사람이 생겼다. 라일락과 산수유, 목련. 이 세 여인은 서로끼리는 모른다. 그러나 해마다 꽃피는 계절이 오면 나는 마음 깊은 곳에서 청초하고 고아하고 청순한 세 여인을 만난다. (1993. 4)

치과 이야기

내가 치과병원을 처음 찾은 것은 결혼을 하고도 한참 후의 일이다. 그 전까지는 치과란 나와 무관한 것이었고 사실 그런 병원이 왜 필요한 줄도 모를 지경이었다. 새로 난 사랑니가 슬슬 아파 와서 찾아간 것이다. 어떻게 했으면 좋을까 문의하기 위하여 찾아간 나에게,

"빼 버려야 합니다."

"다른 방법은 없습니까?"

"다른 어떤 방법도 없습니다. 사랑니는 원래 쓸데없는 것입니다."

"보험은 되지요?"

"그런 건 보험이 안 됩니다."

이런 시시한 것을 가지고 꼬치꼬치 묻는 것이 싫다는 안색

이 역력했다. 그래서 나는 하는 수 없이 뿌지직! 하고 내려 뽑는 발치를 처음으로 경험하게 된 셈이다. 그런데 치과에서 의료행위를 했는데 보험이 안 된다는 것은 또 무슨 소리인가? 나중에 알고 보니 치과의원에서는 이런 기본적인 것을 거의 혜택 받지 못하게 되어 있었다. 참 희한한 법도 다 있다고 생각했다.

그 뒤로 십여 년 후에 또 치과를 찾을 일이 생겼다. 윗 어금니가 양쪽 다 약간씩 움직이는 것 같았다. 찾아간 치과의사는 내 입을 벌리고 쇠붙이로 이를 더그럭거리며 여기저기 대충 보더니,

"양쪽을 다 뽑아 버리고 이齒 두 개씩 걸어서 금니를 하면 됩니다."

나는 흔들리는 둥 마는 둥밖에 안하는 이를 뽑기가 좀 그렇고, 또 이를 빼고 금으로 의치 같은 것을 하나 만들어 넣고 그것을 성한 이에 걸쳐놓는 다는 것이 여간 마음에 걸렸다. 더구나 부르는 가격이 상당한 고액이었다. 하지만 그 길밖에 없다면 하세요 하고 의자에 몸을 맡겼다. 그러다가 번뜩 머리를 스치는 것이 있었다. 잠깐! 하고 나는 일단 그 곳을 빠져 나왔다.

다른 병원을 하나 더 가보기로 하였다. 그 옆에 있는 윤×× 치과라는 곳을 찾아갔다. 다른 사람 말에 의하면 그곳은 정통 치료법을 쓴다고 하였다. 어찌나 아프게 하던지 사람잡는(?)

곳이지만 가장 양심적인 치과로 소문난 집이라고 하였다. 의사 분은 내 설명을 듣고 이를 보더니,

"그런 도둑……. 이대로 써도 몇 년간은 아무렇지도 않습니다. 그리고 많이 흔들리면 그 때 빼도 늦지 않습니다."

옳거니 이렇게 흔쾌한 대답이 있을 수 있나. 그는 대저 듣던 대로 영리가 목적이 아닌 양심적 의사 그 자체였다. 진찰료는 한 푼도 받지 않는다. 그래서 그렇게 몇 년간을 아무렇지도 않게 버텨왔다.

그런데 한계가 왔다. 드디어 양쪽 윗 어금니가 많이 흔들린 것이다.

그 때 외국에서 새로 도입한 임플란트라는 것이 있었다. 인공치아 이식을 말하는데 이[齒]를 빼고 그곳에 의치를 심는 것이다. 그렇게 하면 가격이 비싸서 그렇지, 다른 어떤 경우보다 원래의 이와 가장 근사한 외형과 구실을 유지할 수 있다는 것이다. 나는 집 앞 백화점 지하에 있는 치과에 전화하여 임플란트에 관하여 상의하였다. 간호사는, 의사선생님이 곧 출근하시니 일단 병원으로 나오라고 한다.

병원에 들어서니 손님은 아무도 없었다. 의사는 양복을 입고 구두를 신은 평상복 차림 그대로 나를 맞이하였고 간호사가 세 명이나 둘러싸고 듣는다.

"빼고 임플란트를 하면 됩니다. 하나에 150만원씩입니다."

그 의사는 입을 벌려보라고도 하지 않는다. 간호사들은 봉

을 하나 잡았다는 표정으로, 이제야 우리도 봉급을(또는 보너스를) 받을 수 있겠구나, 제발 나더러 임플란트를 해달라는 간절한 표정이 깃들어 있었다. 나는 진찰도 해보지 않고 말하는 의사를 신임할 수 없었으며, 또 150만원이라고 하면 웬만한 대졸 신입사원 한 달 봉급에 해당하는 거금이다. 그것을 두 개나 선뜻 하기가 그랬다. 나는 다시 다른 병원을 가보기로 하였다. 가까운 명문대 출신이 경영한다는 치과를 찾았다. 그는,

"양쪽 흔들린 이를 빼고, 또 양쪽 옆에 안 흔들린 것도 하나씩 빼고는 틀니를 하면 됩니다."

"틀니를 하면 매일 빼서 청소를 해야 하지 않습니까?"

"매일이라니요. 매끼니 해야지요."

"그 방법 밖에 없습니까?"

"다른 어떤 방법도 있을 수 없습니다."

"그러면 그렇게 합시다."

그렇게 하여 나는 며칠 걸려 하나씩 네 개의 이를 뽑기로 하고 먼저 흔들린 이를 하나 뽑았다. 그런데 아무래도 내 이론에는 맞지 않는다. 흔들리는 이를 뽑기도 억울한데 안 흔들리는 이까지 뽑아내고 틀니를 하다니. 또 내 나이에 틀니라니.

나는 대학병원의 치과전문 종합병원을 찾기로 하였다. 유능하게 보이는 젊은 의사에게 사정을 털어놓았더니,

"선생님 말씀이 맞습니다. 왜 흔들리지도 않는 이를 빼요? 흔들린 이만 빼버리고 그대로 써도 됩니다. 어금니는 양쪽에

하나쯤 없이 그대로 써도 큰 불편 없습니다."

"그럼 틀니는 안 해도 되겠습니까?"

"물론 안해도 되지요."

"그리고 방금 말씀드린 임플란트는요?"

"임플란트는 과가 다르기 때문에 그곳에 가서 정밀검증을 받아보셔야 합니다."

그렇게 해서 나는 흔들리는 나머지 윗 어금니 하나만 더 빼고 틀니는 완전히 면하게 되었다. 그리고는 임플란트과를 찾았다.

정밀검사는 이틀이나 걸렸다. 다른 질병이 있는지를 검사하고, 엑스레이 사진도 작은 세부사진에서부터 노트북 크기 만한 큰 사진까지 찍어서 검사한다. 큰 사진은 전문가가 아닌 내 눈에도 식별이 가능했다. 진단결과는,

'골조직(턱뼈) 부실로 인한 임플란트 이식 불가'

란 것이다. 내가 보기에도 골조직이 약해서 이식해 봤자 금방 다시 흔들리게 되어 있었다. 하마터면 큰일 날 뻔했지 않은가.

선친께서는 고향 시골에서 치과의사를 하셨다. 다만 내가 너무 어려서 별세하셨기 때문에 선친의 의료 하는 모습을 직접 보지 못한 것이 한스럽다. 그러나 선친이 쓰시던 치과기계들은 내가 철들면서부터 만지고 놀던 기구였다. 어느 날 내가 중학생쯤 되었을 때 그 기계들을 어머님께서 읍내 양약방에 팔았다는 말을 들었다. 아버님은 다른 치과의사들과는 확연히

다른 분이셨다고 한다. 모든 인근에서 아버님에게만 손님이 몰렸고 가장 양심적인 의사이셨다고 한다. 나는 앞에서 말한 윤×× 치과를 갈 때면 왠지 모르게 아버님도 이런 분이셨을 것이라고 상상하곤 한다.

(2003. 5)

행行

우리는 가끔 이런 경험을 하게 된다. 누가 생각해도 옳은 일인데도 그것을 실천하지 못하는 것. 실천만 하면 되는데 그것이 안 되는 것이다.

좀 세월이 지난 이야기이지만, 우리는 과거 대통령 선거에서 군사정권을 종식시킬 절호의 찬스를 놓친 일이 있다. 김영삼과 김대중이 합쳐서 단일후보만 내면 틀림없이 이기는데 그것을 못하고 같이 출마했다가 다시 군벌 노태우에게 정권을 빼앗긴다. 둘 중에 단일후보만 내면 된다는 사실을 삼척동자도 다 아는데 그것이 안 되는 것이다. 생각해 보면 그런 경우 아무런 어려울 것이 없다. 당사자는 움직일 필요도 없이 앉아서 "내가 포기 하겠다."고 한마디만 하면 끝나는 일이다.

나는 오랜 외국생활을 통해서 그 나라들의 결함을 잘 알고 있는 편이다.

중국민족의 가장 큰 숙제라면 뭐니 뭐니 해도 문자개혁일 것이다. 그 네모난 한 폭의 그림과도 같은 글자로는 세계화에 부응할 수 없다는 것을 중국의 지식인라면 거의가 통감한다. 그래서 중화민국이 성립하자마자 문자개혁을 서둘렀고, 뒤이어 대륙에서도 인민정부가 들어서자마자 문자개혁을 서둘렀다. 대륙에서 문자개혁이 무르익자 중화민국(대만)에서는 오기로 중단해 버리고 오히려 더 정통을 부르짖는 우스꽝스러운 현상이 벌어지기도 하지만….

하여튼 대륙에서는 한어병음漢語拼音이라는 로마Roma 자를 사용하기로 하고, 한자는 임시로 간체자簡體字를 쓰기로 하였다. 그들은 종국에는 간체자마저도 '폐지 불용廢止不用'하고 완전 로마자화 하는 것이 원래 계획이었다. 현재의 영어나 불어처럼 되는 것이었다. 그리고 그 거국적인 대사업은 거의 성공단계에까지 이른다.

그러나 뒤늦게 불어 닥친 문호개방 바람에 너도나도 한마디씩 하다가 그만 일단 정지 상태에 들어가고 만다. 현재로서는 간체자와 한어병음의 장기화가 예상된다. 한자를 폐지하고 로마자화 한다는 그 거대한 사업이 성공했더라면 중국은 발전의 속도가 아마 현재보다 배는 더 빨라질지 모른다. 중국은 천재일우의 기회를 놓친 것이다. 중국이 자기 글을 폐지하고 로마자화 한다는 사업이 실패하고 있는 동안에, 베트남이 먼저 자기 문자를 없애고 완전 로마자화에 성공하고 말았다. 베트남은 한자보다도 더 복잡한 '추놈'이라는 문자를 쓰고 있었는데, 그 복잡한 것을 훌훌 벗어 던져버렸으니 얼마나 홀가분할까.

일본의 문교정책에서 가장 큰 문제는 인명 지명 읽기일 것이다.

인명은 일본의 지식인이라도 60~70%정도 읽을 수 있으면 우수한 편이다. 예를 들어 小谷三志라는 아주 쉬운 한자로 된 인명이 있다고 하자. 이것을 읽는 법은 수도 없이 많다. 예를 들어 우리말로 풀어보면, '소곡삼지'라 읽을 수도 있고, '작은 계곡 삼지' 또는 '소계곡 삼지'라고 읽을 수도 있고, '작은 곡 삼지', '적은 골짜기 셋 뜻', '짧은 골 세 번 기록', '짧은 골 거듭 희망', '소곡 셋 뜻', '소곡 세 가지 뜻', '소 골짝 세 개지' 등 이외에도 수도 없이 많이 읽을 수 있다. 이런 식이니 어려운 한자로 된 이름은 어찌 하겠는가.

지명에 이르면 아마 대학교수라도 50~60%를 읽으면 우수한 편일 것이다. 요는 인명은 그 본인 이외는 누구도 자신이 없는 것이며, 지명은 그 지방 사람이 아니면 하늘도 땅도 모르는 일이다. 그러니 일본인들은 유명 인사들의 이름을 따서 또는 지하철 역명이나 잘 알려진 지명을 본 따서 적당히 읽는 수밖에 도리가 없다. 학교에서는 본인이 읽는 법을 일러주지 않으면 학교선생도 출석을 부를 수 없으며, NHK 아나운서라도 지명이 나오는 내용을 방송하려면 반드시 그 지방에 전화해서 확인을 해야지, 그렇지 않으면 어처구니없는 실수를 하게 되어 있다.

그런데 알고 보면 그 해결책은 너무나 간단하다. 나에게 맡긴다면 단 하루아침에 해결할 수 있는 문제다. 즉 인명 지명인 경우, 한자는 음音으로만 읽고, 뜻으로 읽을 때는 가나로 쓰면 되는 것이다. 꼭 한자를 쓰고 싶으면 가나를 쓰고 괄호에 넣어 주면 되는 것이다. 일본인들은 백년 천년이 되도 해결 못했고 이 뒤로도 영원히 고통을 받을 일이지만 나에게 맡기면 이렇게 하루 아침 일감밖에 되지 않는 것이다. 내가 일본인에게 이런 말을 하면 모두가 공감한다. 그런데도 그들이 이것을 행行에까지 옮기려면 이 뒤로 천 년이 갈지 만 년이 갈지 모를 일이다. 지금이라도 하면 되는 문제가 왜 안 되는 것일까?

미국을 보면 더 한심스러운 면들이 많다. 미국은 하루 평균 80명 이상씩 총기 난사로 목숨을 잃는다. 그 대부분은 권총이 거기 있기 때문에 벌어진 일들이다. 총기만 옆에 없었다면 한 건도 없이 모두 방지할 수 있는 일일 수 있다. 인간은 누구도 자기 맘대로 인간을 즉결처분할 수 있는 권한이 없을 뿐만 아니라, 주먹이나 다른 것으로 싸운다면 사망에까지 이르기는 어려운 일이다. 그러면 어떻게 할 것인가? 아주 간단하다. 무기소지를 금지하면 되는 것이다. 정부 시책으로 실시한다면 그까짓 것 어려우면 뭐가 그리 어렵겠는가?

한국인의 식습관 중 어처구니없는 것은 음식을 남긴다는 것이다. 보통 가정에서도 그렇지만 결혼식장 같은 데를 가면 거의 3분의 2를 남기는 것도 예사이다. 나는 외국인에게서 질문을 받은 적이 있다. 저 남긴 음식을 어떻게 하는 가고? 그것은 버린다고 해도 틀리다. 그 많은 음식을 버린다는 것은 경제적인 손실이 이만저만이 아니기 때문이다. 다시 먹는 다고 해도 틀리다. 그것은 비위생적이니까. 그러나 우리는 실제 그 둘 중의 하나를 하고 있는 것이다. 우리는 어차피 이래도 틀리고 저래도 틀린 것이다. 그렇다면 어떻게 해야 할 것인가? 아주 간단한 문제이다. 우리도 일본인처럼 처음부터 남길 수 없는 양을 주던지, 서양인처럼 각 접시로 자기가 먹을 만큼만 퍼가게 하면 되는 것이다.

나는 한 때 DJ께 전화해서 환경부 장관을 시켜달라고 할까 하는 문제를 심각히 생각한 적이 있다. 내가 장관이 된다면 나는 책임지고 음식 남기는 습관 하나만은 철저히 고쳐놓을 수 있을 것 같아서였다. 나는 그 문제 하나를 해결하기 위하여 전국 식당을 직접 걸어다니며 설득할 것이고, 각 가정을 방문하여 설득하고 국가에서 개발한 식생활 개선방안을 일러줄 심산이었다. 이것 하나만 해결해도 우리의 GNP는 껑충 한 발작 뛰어오를 것이다.

내가 DJ께 부탁했어도 안 들어주었을 가능성이 훨씬 많았겠지만, 내 쪽 입장에서도 그까짓 것 1년도 못되는 짧은 정치생명 하나 때문에 내 평생직장을 잃을까봐 그만 두었다. 어떻든

국가시책으로 발 벗고 나선다면 그것이 뭐가 그리 어렵겠는가?

그래서 불교에서는 '행'을 그렇게 중시하나 보다. 그래서 백 번 듣는 것이 한 번 보는 것만 못하고, 백 번 보는 것이 한 번 깨달음만 못하며, 백 번 깨닫는 것이 한번 '행'함만 못하다고 했나 보다. 나는 늦게나마 내 인생의 행동강령 하나를 정하였다. 이제부터는 옳은 일은 '행'을 하겠노라고.

(2002. 11)

편린 몇 개

완행열차에서 만난 여인

내가 스물이 될까 말까 하는 나이였으니 대학 일 이 학년 때 일이겠다. 생각해 보니 지금으로부터 40년 전의 일이다. 그 때는 서울에서 광주까지 왕복하려면 각 역을 다 서는 완행열차밖에 없었다. 아니 완행열차 말고 몇 정거장을 건너 띄어서는 무궁화혼가 뭔가가 있다는 말을 들은 것 같으나 나는 한 번도 그런 고급열차를 타 본 경험이 없고 내 주위에도 그런 차를 탔다는 사람을 본 적이 없으니 나에게는 오직 그 완행열차가 있을 뿐이었다.

개찰이 시작되면 구름처럼 모였던 사람이 백 미터 경주를 하듯이 뛰어서 자리를 먼저 차지하면 그 사람이 임자였다. 그런데 거의 일착으로 뛰어가도 기차간 안에 들어가서 보면 상당히 많은 사람이 미리서 앉아 있다. 그들은 어떤 경로를 통해서 미리 들어와 있었는지 참으로 얌체족의 표상이 아닐 수 없었다.

하여튼 그렇게 하여 그 날도 서울에서 방학을 맞아 고향을 찾는 나는 운 좋게 자리를 하나 차지하였다. 자리를 차지하지 못한 사람은 콩나물시루처럼 빽빽이 복도에 서서 열 시간도 더 걸리는 그 긴 시간을 서서 견뎌야 했다. 시간이 지나면 서 있는 체력에 한계를 느끼고 통로에 신문지를 깔고 앉기도 하고, 앉은 사람의 의자 손잡이에 걸터앉기도 하고, 의자와 의자 사이의 틈사이로 들어와 앉기도 한다.

그런데 그 날 내 옆에는 내 또래의 젊은 처녀가 앉아 있었다. 비좁은 그 공간에서 신체적 접촉은 아주 심했다. 서울에서 공장에나 다닌 듯한 애수에 잠긴 얼굴의 그 처녀는 지친 몸으로 연방 졸고 있었고 나중에는 잠이 곤히 들었는지 내 어깨에 무게가 주어졌다. 나는 무슨 엉큼한 마음에서였는지 그녀의 어깨 위에 가만히 손을 얹었다. 그녀는 그것을 의식했는지 더 바싹 나에게 몸을 기대었다.

우리는 그렇게 부부처럼 긴 시간을 보냈으나 아무런 대화도 없었다. 기차는 캄캄한 새벽녘에 광주역에 도착하였다. 나는 그녀의 뒤에 서서 걸었다. 서로를 의식하며 일정한 간격을 두고 걸어서 역 광장까지 나왔다. 시원한 찬 공기가 전신을 스치고 지나갔다. 그러나 우리는 서로 각자 자기 갈 길을 가야 한다고 느끼고 있었는 듯하다.

그녀는 저쪽 어둠 속으로 사라지려는 순간 나를 다시 한 번 살짝 돌아보았다. 나는 머뭇거리다가 아무 말도 못하고 내가 갈 방향으로 발걸음을 옮겼다.

우리는 그렇게 헤어졌다. 성도 모르고 이름도 모른다. 다만 어둠 속에서 나를 돌아보던 그녀의 모습이 지금도 활동사진처럼 눈에 선하다.

인천 친구

얼마 전 딸내미하고 얘기하며 아빠의 수수께끼 같은 지난 일을 하나 말했다. 어느 때 아빠가 사귄 친구인데 그가 누구인지 지금까지도 기억이 나지 않는다고.

내가 대학을 갓 졸업하고 대만에 유학을 떠나기 직전이었던 것 같다. 마루의 책을 정리하다가 두툼한 편지 꾸러미를 하나 발견하였다. 정감어린 눈으로 정성들여 쓴 글들을 읽으며 시간 가는 줄을 몰랐다. 그런데 이름이 생소한 한 친구의 편지가 여러 개 나왔다. 주소가 인천이었던 걸로 기억한다. 내용을 열어보니 진실한 친구가 깨알처럼 가득히 담아 보낸 애정 어린 글들이다. 아무리 기억을 더듬어 봐도 인천에 그런 절친한 친구가 없었다. 아니 다른 곳에도 그런 정감어린 안부를 물어줄 친구가 있는 것 같지 않았다. 그 내용으로 보아 나도 여러 번 편지를 하였고 대부분이 내 편지에 대한 답장들이었다. 그 때도 그렇고 지금도 그렇지만 나는 군대에서 사귄 ××권을 떠올렸다. 성과 이름 전체는 기억나지 않지만 끝이 ××권이었던 친구가 있었다.

훈련소에서 기본훈련을 마치고 주특기에 따라 다시 영천에 있는 부관학교에서 4주간의 필경 훈련을 받을 때 ××권과 나는 친한 친구가 되었다.

영천에는 군대 학교가 세 개가 나란히 있었다. 우리 부관학교가 가운데 있고 양쪽에 헌병학교, 상경학교가 있었다. 그가 어느 훈련소 출신인지는 기억에 없다. 그 때는 신병훈련소가 논산과 광주, 창원 세 곳이 있었는데….

그 친구와의 사이에서 가장 인상 깊은 한 장면이 잊혀 지지 않는다. 피교육자는 항상 쫓기고 배고프고 주눅이 들어 있었다. 그러던 어느 날 ××권이는 나를 막사 양지쪽의 한갓진 곳으로 오라고 손짓을 한다. 무엇인가 비밀스런 얘기라도 하려는 듯. 그런데 그 이야기는 분명히 나에게 좋은 일을 알려주겠다는 표정이다. 도둑고양이처럼 따라가는 나에게, 이쪽저쪽을 살피더니 바지 주머니 속에서 주먹만 한 고깃덩어리를 하나 불쑥 꺼내며 어서 먹으라고 한다. 어디서 났느냐고 하니까 자기 고향선배 하나가 취사병이라고 했다. 그 선배 덕분에 자기는 주방에서 고깃덩이를 실컨 건져먹고 나오면서 한 덩이 넣어 왔다는 것이다. 주머니 속에서 나온 고깃덩이니 겉에는 담배 가루며 주머니 먼지가 잔뜩 묻은 것이었지만 나는 쓱쓱 털어

내고 마파람에 게눈 감추듯이 먹어치웠다. 나는 이 세상에서 그처럼 맛있는 고기를 아직 먹어본 적이 없다.

나는 아무래도 그 친구밖에는 떠오르지 않았다. 그 친구가 집이 인천인가 어디라고 한 것 같다. 그런데 봉투 이름은 ×× 권이가 아니었다. 그리고 내가 그에게 편지를 한 일이 없다. 그래서 그 때도 그 친구의 이름이 아니고 성도 다르다고 생각했었다. 그는 누구였을까.

잊을 수 없는 어느 유학생

몇 년 전, 일본에 국비파견교수로 일 년간 체류하며 있었던 일이다. 내가 머무른 곳은 동경대학 고마바 롯지라는 곳인데, 그곳은 국비유학생과 국비파견교수가 같은 건물을 쓰고 있었다. 단 방의 크기만 교수 것은 약간 더 크고 독방이며 학생 것은 약간 더 작고 둘이 써야 했다. 그러니 학생과 교수는 언제나 얼굴을 같이하고 엘리베이터도 같이 탔다. 그 롯지는 국제회관이라고 하지만 한국과 중국 유학생이 가장 많고 다음이 동남아시아, 중동지역, 미국, 유럽 순이었다. 그런데 서로 한국 사람이라고 짐작은 하면서도 인사도 없이 살고 있다는 사실을 알게 되었다. 나는 사무실에서 아무나 한국유학생을 몇 명 불러 달라 해서 그 방에 전화를 걸었다.

"나는 한국에서 교환교수로 온 구××입니다. 한국 사람들끼리 서로 인사도 없이 살아서야 되겠습니까. 우리 한 번 모입시다."

모두가 찬성이었다. 그렇게 해서 나와 제주대에서 오신 윤 교수, 창원대의 김교수 그리고 법원에서 파견되어 오신 이판사가 어른 팀으로 참석하고 한국유학생 거의 전원이 한자리에 모여서 자기소개를 하고 다과회를 하며 약간의 여흥까지 즐겼다. 몇 년 먹은 체증이 다 가시는지 이런 자리를 마련해 준 나에게 모두가 감사했다. 그러던 어느 날 어떤 학생 하나가 나에게 상담을 요청해 왔다.

내 방에 온 그 학생은 지방대를 우수한 성적으로 졸업하고 유학 온 외모가 준수한 학생이었다. 그런데 처음은 몰랐으나 몇 분도 되지 않아서 나는 고개를 갸우뚱하였다. 횡설수설하고 말의 앞뒤가 맞지 않았다. 말의 요지는, 누가 자기를 미행하고 있다는 것이고 그것이 일본인 여의사 사토佐藤가 보낸 사람이 확실하다고 했다.

"내가 친구하고 말하면서 '볼보' 자동차 이야기를 했지요. 그랬는데 내가 돌아왔더니 볼보 자동차를 내 집 앞에 여섯 대를 세워놨지 않아요 글쎄!"

"그 말을 누가 들었단 말입니까?"

"모르지요. 사람을 시켜서 계속 미행한다니까요."

"차는 왜 세워놓습니까?"

"너 한 번 괴로워 봐라 하는 거지요. 하하하."

"차를 세워놓으면 왜 학생이 괴롭습니까?"

"누가 압니까. 그래서 내가 한 번은 직접 병원으로 그 여자를 찾아갔지요. 그랬더니 몸을 피하면서 더 따라오면 경찰을 부르겠다고 하더군요."

나는 이 학생의 상태가 심하다는 것을 직감하였다. 그러나 나에게 상담을 요청할 정도라면 아직 희망은 있다고 생각했다. 그의 말에 의하면 전에 살던 집에서 괴로움을 하도 많이 당해서 이곳 기숙사로 몰래 도망 온 것이란다. 그런데 여기까지 계속, 그리고 매일 미행해서 괴롭히고 있다는 것이다.

그 둘의 관계는 쉽게 짐작할 수 있었다. 그 연상의 일본인 여의사는 미남의 이국청년에게 호감이 갔었고, 그래서 여러 번 만나게 되었는데 너무나 가깝게 되자 남들의 이목이 두려워 좀 기피를 했었고…, 뭐 그런 관계였다.

나는 매주 금요일 저녁 식사를 같이 하자고 제안하였다. 내가 한 번 심리적인 치료를 해보고 싶어서였다. 그렇게 거의 일 년 가까이 나와의 미팅이 이루어졌다. 약간은 마음의 안정을 찾은 것도 같았다. 나는 환경을 바꾸기 위하여 일본을 뜨라고 강력히 권장하였다. 한국으로 귀국하던지 미국으로 가라고 했다. 그는 미국 쪽으로 상당히 마음이 많이 기울어졌다.

그러다 나는 일년 계약기간이 끝나고 한국으로 돌아오고 말았다. 지금 생각하니 일본에 있는 다른 교수님께 이야기하고 뒤를 좀 지켜봐 달라고 부탁이나 하고 올 걸 하고 후회한다.

(2003. 4)

미국인의 조화

오늘 한나절은 마리나 해변에서 하릴없이 시간을 보냈다. 쫓기 듯 살아오던 생활을 뒤로하고 미국에 온 지 한 달이 다 돼가고 있다.

언제나 자기의 터전을 떠날 차비가 되어 있어야 한다고 생각하면서도 이번에 막상 떠나려 하니 무슨 끄나풀이 그리도 많이 나를 휘감고 있었는지 모른다. 대충 정리하고 이곳 학기에 맞추어 일단 미국에 들어왔다.

갑자기 끈 떨어진 연이 되어 한가롭기 그지없다. 대학에 도착보고도 하였고 아들딸의 어학원 등록도 끝마쳤다. 특히 대학 기숙사는 한국 교수가 살던 곳을 그대로 인수하는 바람에 의자 하나 숟가락 하나도 살 필요 없이 모두 갖추게 되고 말았다. 한국에서도 인맥이 닿아 다른 사람보다 가장 빨리 수속을 마치더니 이곳에서도 도와주는 사람이 많아 가장 빠른 시간 내에 자리를 잡게 되었다.

그래서 이 며칠간은 주위를 산책하고 오늘은 마리나 해변까지 원정을 나간 것이다. 샌프란시스코에서 베이 브리지를 건너면 오클랜드, 버클리, 알바니란 아담한 작은 도시들이 이어져 있다. 내가 출근할 대학은 버클리에 있고 기거하는 기숙사는 알바니에 있다. 알바니는 이곳 주위에서 가장 평화롭고 기후가 좋으며, 특히 대학 기숙사촌은 모두가 부러워하는 안전지역이다. 이곳에서 삼십 분쯤 걸으면 마리나 해변이 있다. 차車문화인 미국생활을 거역이라도 하듯 나는 기어코 걸어서 해변까지 갔다.

마리나 해변의 아름다운 동산과 버클리 피어Pier는, 내가 정말 이렇게 혼자만 감상해도 되는가 할 정도로 환상적인 경치이다. 피어는 나무다리가 바다 속으로 2킬로쯤이나 뻗어있다. 피어의 끝에까지 걸어가 보니 눈앞에 베이 브리지와 금문교가 손에 닿을 듯 수평선 위에 떠있다. 샌프란시스코 쪽은 안개가 자욱한데 알바니 쪽은 금빛 태양과 눈이 시도록 파란 하늘이 펼쳐진다. 어쩌면 이렇게 가까운 도시들이 이렇게 개성이 뚜렷한 날씨를 보유하고 있을까.

지금까지 나는 미국에 대하여 애증의 굴곡이 심했다. 솔직히 말하면 '애'보다는 '증'이 훨씬 많았던 나라였다. 그러나 이들에게 내가 모르는 긍정적인 면이 있으리란 것은 알고 있었다. 그렇지 않고서야 어떻게 이렇게 오랫동안 세계를 호령하며 부귀영화를 누리고 살 수 있을까.

나는 오늘 그 첫 번째 긍정적인 면을 발견한 것 같다.

이들은 '조화調和'를 이룰 줄 안다는 것이다.

마리나 해변까지 나오면서 보았던 여러 장면 가운데서도 특이한 장면은, 전혀 조화를 이룰 수 없는 것들이 조화를 이루고 있다는 것이었다. 기숙사를 빠져나오다가 어느 한구석에서 이상한 장면을 발견하고 발걸음을 멈추었다. 청설모와 까마귀와 갈매기가 먹이를 놓고 뺏기 놀이도 하고 장난질도 치면서 놀고 있지 않은가. 알고 보면 이들은 전혀 어울릴 수 없는 영역을 가진 동물들이다.

청설모는 다람쥐과이기 때문에 깊은 산속에나 살면서 사람을 보면 전력 질주하여 도망가는 것인 줄만 알았다. 그런데 이곳에서는 아니었다. 길거리에도 바닷가에도 집 앞에도 어디에도 있다. 기숙사에서 밖을 나오기 위하여 문만 열면 청설모가 맨 먼저 나를 반긴다. 잔디밭에서 놀다가 큰 오크나무 위로 올라가기도 하고 목조 이층 층계로 올라가서 나를 물끄러미 바라보기도 한다. 바로 앞에까지 가도 도망가지 않고 말똥말똥 바라보는 것이 우습다. 까마귀도 나무 위에서나 사는 것인 줄 알았더니 아니었다. 많은 시간을 땅에서 살면서 인간과 너무나 친하다. 갈매기는 더욱 신기하다. 바다에서만 서식하는 것이 아니고 내륙 깊숙이 들어와서 인간이며 다른 동물들과

친교를 나누고 있지 않은가.

미국 새들은 종류가 다양하다. 참새도 있지만 참새보다 몸집이 더 큰 검정 뱁새며 목 부분에 아름다운 색감을 들인 들새, 모양새가 다른 산비둘기들이 많다. 이들도 모두 서로가 친하고 사람 곁에 아주 가까이까지 와서 놀고 있다

나는 처음에 버클리 대학 교정을 들어가며 큰 충격을 받았다. 남쪽 텔레그랍 거리에서 정문을 들어서다가 마침 점심때가 되어 몰려나오는 학생들의 물결과 마주쳤다. 그것은 문자 그대로 완전 인종시장이었다. 전 세계의 인종이 골고루 섞여서 하나같이 밝은 표정으로 대화를 나누며 걸었고 길 양쪽에서는 각자의 개성을 살리는 서클들이 회원을 모집하거나 행위예술을 하고 있었다. 몸을 아무리 노출시키고 다녀도, 길거리에서 샌드위치를 먹으며 걸어도, 길거리에 주저앉아 토론들을 벌려도 아무도 탓하는 사람이 없었다.

이들은 태어나면서부터 이처럼 흰둥이 검둥이 노란둥이들과 어울려 살아왔다. 인종에 열등의식을 가진 자는 아무도 없었다. 나는 한국에서 보았던 어느 TV 프로그램을 연상한다. 그 제목은 한국의 혼혈아의 생애였다. 마지막에 내레이터의 한마디 말이 너무나 오랫동안 뇌리를 때렸다.

"과연 한국에서 혼혈아는 미국 행 아니면 자살 밖에 길이 없는가?"

아我와 피彼가 너무 강한 우리는 그런 면에서 너무나 폐쇄적

이다. 만약 우리나라 중학교 어느 교실에 흑인이나 어느 필리핀인이 하나 끼어 있다면 어떻게 될까. 평생을 즐겁게 보내기는커녕 그는 일 년을 배겨내기가 힘들 것이다.

나는 며칠 전 버클리 대 방문학자의 첫모임에 참가했다. 나처럼 아마 안식년을 맞이하여 온 교수들이겠지만 어쩌면 그렇게 많은 인종이 모일 수 있을까. 그 몇 백 명 학자들 중에서 동양인도 이 삼 할은 되었다. 그들은 하나같이 화기애애한 분위기에서 교제하고 있었고 나만 그들과 어울리지 못한 것 같았다.

미국이라는 분위기는 조화를 요구하고 있었다.

미국에 온 지 한 달도 안 된 아들이 벌써 기숙사촌 친목 농구팀에 끼었단다. 저녁밥을 먹으라고 부르러 가서 나는 오랫동안 아들의 농구하는 광경을 보고 있었다. 참으로 다양한 인종의 아이들이 아무런 거리낌 없이 이리 뛰고 저리 뛰고 있었다. 나는 그 광경이 아름다워서 아들을 부르지 않고 한참동안을 바라보고 있었다.

잘한다. 아들아! 너는 아비 세대의 사고방식을 벗어나서 진취적이고 당당한 국제인이 되어라.

(2003. 9)

안식년을 마치며

햇볕이 유별나게 좋은 여름날 오전, 나는 낯설은 이국 땅에서 혼자 지방공원의 산을 오르고 있었다. 이 산을 꼭 올라야 할 일이 있다. 오늘이 아니면 다시는 오를 기회가 없기 때문이다.

안식년 미국생활의 일 년을 마감하고 이제 일주일 남짓이면 한국으로 돌아 가야한다. 아들딸은 벌써 계절 학기를 들어야 한다고 귀국하였고 나 혼자 남아 있다. 오늘은 내 짐과 차를 부칠 통운회사에서 내 숙소를 방문할 날이다. 오전 중에만 차를 쓰면 오후부터는 다시 차를 몰고 나갈 수 없다. 그래서 먼저 차로 갈 수 있는 이곳을 찾은 것이다.

이곳 브라이언 지방공원은 내가 개발한 상당히 좋은 하이킹 겸 등산 코스이다.

나는 이곳에 와서 처음으로 운전을 배웠기 때문에 운전이 무척이나 서툴다. 그러나 서툴다는 핑계만 대고 개으름을 피우면 안 될 것 같아서 기를 쓰고 차를 몰고 가까운 곳을 다니다가 발견한 곳이다.

그 날도 아예 표를 받는 사람마저 없고 주차장에는 네 댓 대의 차만 주차해 있고, 어떤 멋쟁이 아가씨 둘이가 승마를 하려고 차에서 말을 내려 안장을 채우고 있었다.

작은 산들을 이은 능선에 차 한 대쯤이 다닐만한 넓이로 길이 난 한나절의 등산길이다. 이 근방에서 가장 높다는 디아브로 산이 손에 잡힐 듯이 다가왔고 작은 연봉이 보기 좋게 포개져 긴 병풍을 이루었다. 버클리 쪽을 바라보니 샌프란시스코와 오클랜드가 다소곳이 누워서 소곤대고 있다. 나는 살찐 흙길을 발이 시도록 걸었다.

산은 곳곳에 각자의 목장 한계 표시로 짐승이 뛰어넘지 못할 정도의 철사 줄이 처져 있고, 각 문에는 예쁜 청동 고리가 걸려 있다. 등산객은 걸어놓은 고리를 제치고 들어가서 다시 그 고리를 걸어놓고 걸으면 된다. 어느 상봉에 이르자 처음으로 벤치가 하나 놓여 있었다. 그곳이 경치의 절정을 이루는 곳이었다. 안개 낀 브라이언은 참으로 선경이다. 산을 내려오니 방목하는 소 떼가 커다란 눈망울을 굴리며 이방인을 물끄러미 바라보고 묵직한 스텝으로 손님을 환영한다.

이 코스가 하도 좋아서 나는 다른 사람들에게 소개하였다. 포스탁으로 온 정 선생과도 같이 올랐고, 아침운동에서 만난

북경에서 온 리우 선생과 홍콩에서 온 리 소저小姐와 셋이서 오르기도 하였다.

나는 혼자 산을 오르다 말고 잠시 걸음을 멈추었다. 무슨 이유인지 가슴이 메어왔기 때문이다. 웬일일까 하고 생각해도 이유가 없었다. 그러다가 나는 문득 깨달은 바가 있었다. 내가 이곳에 정情을 준 것이다. 인생은 고해苦海라 했던가. 어디에도 함부로 정을 주어서는 안 되는데 이역만리에 또 정을 묻고 가려니 그랬던 것이다.

산의 초입까지 오르다가 발걸음을 돌렸다. 오전 중에 가볼 곳을 어서 돌아야 한다. 나는 다시 차를 몰아 한국인이 경영하는 코리아나 프라자에 들러 일주일치 밑반찬이며 김치를 샀다. 다시 급히 80번 프리웨이를 타고 인엔아웃(In-n-Out) 페스트 푸드점에 들러 햄버거에 큰 잔 콜라를 들고 점심 식사를 때웠다. 벌써 일 년 만에 페스트 푸드에 콜라가 먹고 싶어졌으니 사람은 참으로 간사한 동물인가 보다.

숙소에 들어오니 벌써 통운회사의 남미계 일꾼이 둘이나 기다리고 있다. 차와 짐을 부치고 또 침대를 사겠다는 사람까지 와서, 불과 한 시간 만에 집안이 휑해져 버리고 말았다.

나는 이제는 걸어서 알바니 힐을 올랐다. 이 언덕은 아침마다 내가 오르던 나만의 명상의 장소이다. 또 해변의 오솔길도 걸었다. 처음 이곳에 왔을 때 많이 산책하던 곳이다.

이제 됐다. 일주일 후에 나는 가벼운 트렁크 하나만 들고 비행기를 타면 된다.

이 번 나의 안식년 성과는 괜찮은 것 같다. 내가 쓴 것만 해도 에세이 10편, 단편소설 1편, 번역 2권, 논문 1편이다.

그리고 이곳 동아시아 도서실에서 한국 책을 빌려서 평소에 못 읽었던 소설을 실컷 읽었다. 장편으로 김경옥의 '불타는 제국(3권)', 채길순의 '동트는 산맥(7권)'을 읽었고, 황석영의 '장길산' 10권짜리를 5권까지 읽었다. 또 조정래의 '한강'은 1권만 읽었다. 조정래 작作은 전에도 '태백산맥'을 1권만 읽더니 이번도 그렇게 그쳤다. 또 최인호의 '타인의 방', 박태원의 '천변풍경' 등 단편도 많이 읽었다,

하여튼 많은 수확이다. 아들딸에게 대학 부속어학원에서 1년간 어학연수를 시켰고 나도 성인학교Adult School에서 무료로 6개월간 영어회화를 들었다. YWCA에서 봉사하는 일주일에 한 시간의 영어실습Action in English도 일 년을 계속하였다. 또 나는 이곳저곳 특강도 담당했다. 특히 인문대 드위넬리 홀의 특강은 동아 닷컴에 올라 댓글이 117개나 달린 넷티즌들의 토론장이 되기도 하였다. 또 무엇보다도 한국의 내 생활에서는 꿈도 꾸어볼 수 없던 자동차 운전과 골프까지 제법 공을 날릴 수 있게 되었으니 이 어찌 혁명이 아니랴.

충분히 충전되었다. 이제부터는 현실로 돌아가서 시들을 뻔하였던 심신을 곧추 세우고 다시 한 번 힘찬 도약을 시도하련다. 밖에서는 바트Bart가 쇳소리를 흩날리며 베이Bay 지역을

질주한다. 숙소로 들어오는 셔틀버스가 은은히 땅을 진동한다. 나는 불현듯 가슴이 뛴다.

(2004. 8)

곰의 집

서울 시내가 한눈에 내려다보이는 북악스카이웨이 중턱에는 '곰의 집'이라는 30년이나 된 구식 스타일의 레스토랑이 있다. 나는 이곳에서 김 기사와 함께 나이가 지긋한 아저씨의 서빙을 받으면서 고즈넉한 식사를 즐겼다. 소나기가 한 줄금씩 휘뿌리며 지나가다가 언제 그랬느냐는 식으로 다시 밝은 태양이 머리를 내밀곤 했다.

오늘 점심은 김 기사더러 식당을 고르라 하였다. 나는 지금까지 손님들하고만 식사를 하고 김 기사에게는 알량한 용돈 몇 푼을 주면서 해결하라하고 항상 나 몰라라 하였다. 그래서 오늘은 그에게 선택권을 주고 둘이만 식사를 하자고 제의한 것이다. 김 기사는 홍감해서 어쩔 줄을 몰라 했다. 아무리 사양하지 말라 해도 식당을 대지 못했다. 그래서 내가 주섬주섬

자주 다니던 식당 명을 주어 섬겼다. 비양도, 동경, 싸리집, 곰의 집, 한스 갤러리…. 그는 한참을 망설이다가 꼭 그래야한다면 '곰의 집'을 선택하겠다고 했다.

오늘 아침 사직서를 품에 안고 집을 나서는 나에게 아내는 무엇보다도 김 기사를 어떻게 하느냐고 목이 메었다. 아내는 여느 때와 다르게 따라 나와서, 차문을 열고 서 있는 김 기사와 따뜻한 눈인사를 나누었다. 전혀 눈치를 채지 못한 김 기사는 사모님 운동하러 나가시는 모습이 너무나 멋있다고 했다. 김 기사는 특히 우리 부부의 평상복차림을 부러워하였다. 정장만 하던 내가 중절모자를 쓰고 트렌치코트를 입고, 가벼운 차림을 한 아내와 함께 음악회, 미술전시회를 가는 모습이 그렇게 보기 좋았다고 한다. 자기는 총장님 부부처럼 사는 것이 꿈이라고 하였다.

착하고 부지런하기만 한 서른여덟 살의 충청도 노총각, 홀아버님이 병환이셔서 병간호를 해야 하는 처지인데도 그는 근무정신이 너무나 투철한 선한 청년이다. 내가 총장직을 맡은 지 한 달 쯤 되었을 때 총무처에서 새로 운전수를 공모했다고 결재서류를 가지고 왔다. 안될 사람은 미리서 떨어뜨리고 가장 면접점수를 많이 받은 두 명의 이력서를 가지고 와서 나더러 고르라고 했다. 나는 직접 만나 볼 것도 없이 사진으로 인상이 더 좋은 김 기사를 택하였다. 그들도 김 기사에게 점수를 더 많이 주었노라고 덧붙였다.

아니나 다를까. 그는 심성이 너무나 곱고, 서울의 지리를 손금 보듯하고, 게다가 전에 6년간이나 모시던 분의 차종도 내 차와 같은 에쿠스였다고 하니 믿음직했다. 항상 그가 모는 차는 스르르 미끄러지듯 달렸고 한 번의 실수도 없었다.

나는 총장이 되기까지의 과정은 하늘아래 떳떳하다고 생각했다. 나의 불의와 타협할 줄 모르는 먹줄 같은(?) 행동 때문에 그 자리를 차지하였다고 자부했다. 그래서 전총장의 남은 임기를 나더러 채우라는 것을 어느 정도 당연한 것처럼 받아들였다. 내가 생각해도 그 직을 맡을 사람은 나밖에 없다고 생각했기 때문이다. 나의 참모진들도 그렇게 믿어주었다.

그러나 총장직을 맡고나서 얼마 안 되어 나는 고개를 갸우뚱하였다. 무엇보다도 나 자신의 모습이 낯설어지기 시작한 것이다. 나는 자신도 모르는 사이에 벌써 야합을 하고 있었다. 거기에다 한술 더 떠서 나의 야합한 행동에 대하여 스스로를 정당화시키기까지 했다. 세월이 가며 어느덧 타성이 붙더니 안주하려는 모습까지 보이고, 차기를 생각하는 더러운 속물근성까지 작용하고 있음을 발견했다.

발을 너무 깊이 들여놓고 말았는데, 아아! 이를 어찌할까? 고민에 고민을 거듭하다가 내린 결론이 이 자리를 떠나야 한다는 것이었다. 그러나 결행을 하지 못하고 있는 사이에 세월만 가고 있었다. 이제 얼마만 있으면 임기를 모두 채우게 되고 만다.

그러던 어느 날, 머리를 때리는 것이 있었다. 맞지 않은 옷은 이제라도 스스로 벗어버려야 한다. 맞지도 않는 옷을 남이 벗겨줄 때까지 기다리는 것은 더 어리석은 짓이 아닌가?

아침 일찍 이사장실을 찾았다. 이사회를 열고 있던 이사님들이 반가이 나를 맞이했다.

"나는 지금까지 양심과 소신만을 가지고 살아온 사람입니다. 진즉 사표를 냈어야 했는데 이제야 내게 되어 죄송합니다. 그러나 이제라도 내 스스로의 의지에 의하여 사직서를 낼 수 있다는 것이 얼마나 다행한 일인지 모르겠습니다."

"아니, 사표라니?"

이사님들은 모두 소스라쳐 놀란다. 나는 미리 준비한 사직서를 안 포켓에서 꺼내어 이사들이 앉아 있는 긴 테이블 위에 탁! 소리를 내며 내려놓은 다음 손끝으로 눌렀다.

그리고 학교를 나와 일정대로 움직였다. 김 기사와 점심 식사를 하고 여의도에 들르고, '홀리데이인 서울'에서 사람을 만나고, 저녁이 되어 상가喪家에까지 들렀다. 그때까지 김 기사는 눈치를 채지 못하고 있었다. 문상을 하고 나와서 차에 올랐다. 그제야 김 기사는 놀라서 내게 물었다.

"총장님 사표 내셨어요?"

"어떻게 알았지?"

"총무처에서 방금 차를 입고시키라는 연락을 받았어요. 총장님이 사표를 내셨다고요."

"가다가 어디 포장마차라도 들르자구."

우리는 길가의 조촐한 술집으로 갔다. 그는 말하다 금방 목이 메곤 하더니 드디어 눈물을 보이고 만다. 나는 김 기사의 손을 꼭 쥐어주었다. 이제부터 자기 일을 시작하라고도 했다. 결혼도 빨리하라고 했다.

집 앞까지 나를 태우고 온 김 기사에게 뜨거운 포옹을 하여 주었다. 얼만큼 걸어 들어와서 돌아보니 그는 어둠속에 서서 내 등 뒤에 대고 연거푸 인사를 하고 있었다. 어서 가라고 손짓을 해도 하얀 와이셔츠 차림은 계속하여 희미하게 움직이고 있었다.

(2007. 8)

나의 작위적 행위

나는 요즈음 상당히 작위적인 행동을 하고 있다. 분명히 의도적이고 돌출적인 행위를 일부러 하고 있는 것이다.

인생이란 큰 가시에 찔린 나는 허깨비만 남아 있었다. 심신을 일신하기 위하여 안식년으로 아이들을 데리고 미국을 다녀왔다. 그런데도 전혀 호전되지 않는다. 할 일도 별로 없다. 나이가 들어서인지 학생들도 예전처럼 찾아오지 않는다. 학회 같은 곳도 나가지 않으니 학문적인 관계도 끊어진다.

그저 아침에 일어나서 새벽 운동하러 나가고, 아침밥을 혼자 챙겨서 먹고 전철로 학교에 간다. 학교에서도 가끔 수업에나 들어가고 멍청히 혼자 연구실에 앉아 있다가 돌아온다. 집에서는 하릴없이 텔레비전이나 보다가 저녁이 되면 서재 구석에 끼어서 잠을 잔다. 나는 점점 땅으로 꺼져 들어가고 있었다.

이래서는 안 되는데. 할 일이 없어서는 안 되는데. 내 생을 이렇게 끝낼 수는 없는데….

나는 대반격을 시도해 보기로 결심하였다. 내가 일을 만들어서 자신을 바쁜 사람, 쓸모 있는 사람으로 만들어 보려는 것이다.

학진에서 선도연구논문 심사의뢰가 왔다. 나는 선도연구논문이 무엇인지도 모른 채 하겠노라고 수락서를 보냈다. 내 몸과 머리를 움직이지 않으면 안 되기 때문이었다.

염곡동에 있는 재단까지 갈 때는 일부러 차를 몰고 갔다. 운전이 서투르다고 안 하기 버릇을 들이니 정말 운전도 못하게 될 것 같아서였다. 심사는 확실히 서툴렀다. 나이 때문에 우리 조의 조장이 되기는 했으나 다른 젊은 교수들처럼 머리가 민첩하게 돌아가지 않았다. 그들이 눈치 챌까 봐 가슴이 조마조마하였다.

대교협에서 대학의 학문분야 평가 의뢰가 왔다고 해서 그것도 나를 추천해 달라고 자청했다. 다른 교수들은 대개 사양을 하던지 자신이 없어서 거절하는 것이 상례이지만 나는 무엇인가를 해야 하기 때문이다.

대교협에서 정해준 전국의 5개 대학을 돌아다니며 평가하였다. 역시 위원장이 되기는 하였어도 주제파악이 상당히 느리다는 것을 느꼈다. 나는 침체해 가는 자신을 진작하기 위하여 나선 것에 불과한데도, 감사를 받는 학교 측에서는 초긴장을 하고 대기하고 있었다. 총장 이하 전 교무위원의 아부성 발언이며 식사대접이 이어졌다. 학과 교수들은 면접을 받는 학생마냥 우리 앞에 줄지어 앉았다. 나는 우스워 죽을 뻔하였다.

평가는 후배교수들이 하는 것을 잽싸게 곁눈질해 가며 겨우 마칠 수 있었다. 현장 평가를 마치고 돌아와서 최후 심사평을 발송할 때도 후배교수가 친절히 보내온 모범 답안을 다운받아서 내 말을 삽입하여 겨우 끝냈다.

대둔산 25열사의 유적지도 탐방하였다. 평소에 잘 아는 동학농민혁명 기념재단 이 이사장의 소개로 원광대 신 교수를 소개받았다. 신 교수는 최초로 대둔산 동학군 유적지 지표조사 보고서를 작성한 사람이다.

대둔산은 동학군 최후의 격전지였다. 관군과 일본군의 포위망이 좁혀오자 마지막 진을 치고 있던 25인 전원이 150미터 천애절벽으로 몸을 던져 투신자살한 곳이다. 나는 일부러 차를 몰고 전북 완주군 운주면의 대둔산 자락까지 달렸다. 내 운전사상 가장 먼 곳을 시운전하며 생의 의욕을 키워보기 위해서였다.

대둔산에 도착하니, 신 교수와 또 한 분 정 교수가 나를 기다리고 있었고, 현재 일본 지바대학에 유학 중인 강 선생 부부가 기다리고 있었다. 강 선생은 마침 귀국하였다가 내가 온다는 소식을 듣고 자기 남편과 함께 합류하기를 자청한 사람이었다. 강 선생은 동학군 토벌대가 일본 히코도彦島를 수비하던 수비보병 제19대대였다는 사실을 최초로 밝힌 나의 논문을 토대로 박사학위논문을 작성하고 있는 사람이기 때문이다.

우리 일행은 당시 훈련받은 관군·일본군도 오르지 못했다는 깎아지른 절벽을 기어이 올라가서 돌덤이 하나하나까지 만져보며 역사의 현장을 답사하였다. 나는 실은 이것을 문학작품화해보기 위하여 오래 전에 계획해 보았던 것이다. 하여튼 일단은 직성을 풀었다.

그 다음으로 내가 계획한 것이 우리 학교 원로교수 모임이다. 원로교수들이 모여 친목을 다지고 정년 후에도 만나면 얼마나 좋을까하는 순진한 마음이 발동하였다. 나는 다른 대학에 전화해서 그런 관례가 있나 알아보았다. 상상외로 많은 대학에 그런 유사한 모임이 있었다. 외대는 백송회라는 모임이 있었고, 성대는 성호회라는 모임이 있었고, 강원대는 느티나무회, 단대는 화경이순회라는 모임이 있었다.

나는 용기를 내서 우리학교 원로교수 명단을 작성하였다. 60~65세의 교수가 41명이나 되었다. 나는 두 분 교수에게 먼저 이런 취지를 설명하여 동의를 받아냈다. 우리는 몇 명 교수에게 더 전화해서 발기인을 조직하였고, 뒤이어 41명 교수에게 모두 연락해서 창립총회를 열고 회명을 성신소담회라 명명하였다. 실제 일은 부회장인 내가 다 하기로 하고, 회장과 감사는 다른 분에게 맡겼다. 참으로 뿌듯하다 못해 희열을 느꼈다. 내가 주동하여 회를 조직하다니. 나로서는 자신이 침체해서는 안 된다는 역작용 같은 것이었는데, 이외의 성과에 자신도 신기하고 대견하였다.

내킨 김에 마지막으로 내가 시도한 것이 학장 출마이다. 나는 60이 넘도록 대학에서 보직 한 번 제대로 해본 적이 없다. 평소의 꼬장꼬장한 반골 기질 때문에 어느 누구도 나에게 보직을 맡기려 하지 않았다. 그런데 다행히 우리 학교는 임명제가 아니고 단과대 교수들의 민선이었다. 한 번 시도해 볼만하였다. 나는 출마를 선언하고, 일부러 남들과 똑 같이 전화도 하고 연구실에 찾아가 이야기도 하며 자신이 평범한 사회의 한 성원임을 확인시켰다.

투표결과는 상상외의 압승이었다. 나는 용기를 얻었다. 나는 자신감이 생겼다. 침체해서 가라앉는 것은 자신의 책임이란 것을 알았다.

그러나 이런 나의 일련의 행위들은 자기 열등의식을 감추어 보려는 역작용에 지나지 않는다. 이제부터는 이런 것들이 평상의 생활이 되도록 인생 자체를 전환해 보리라.

(2006. 1)

■ 연보

• 학력

1961	광주상업고등학교 졸업.
1967	한국외국어대학 중국어과 졸업.
1971	國立臺灣大學 대학원 사학과 석사졸업.
1977	東京大學 대학원 동양사학과 박사수료.
1987	한국외국어대학 대학원 중국어과 박사졸업.

• 경력

2008	성신여자대학교 중어중문학과 조교수, 부교수, 교수.
1968	중화민국대만 한국유학생 회장.
1974	일본 동경대학 한국유학생 회장.
1980	중국학연구회 회장.
1990	봄호 '隨筆公苑' 추천으로 등단.
1999	성신여자대학교 교수평의회 회장.
1996	국비해외파견교수. 東京大.
1997	전국사립대학교 교수협의회 부회장.
2004	UC Berkeley, Institute of East Asian Studies, Exchange Professor.
2006	성신여자대학교 총장.
2006	동아시아-남아메리카 북경 대학총장포럼 한국측대표 .

2006	몽골 울란바타르 대학 성신여대 학술교류협정 체결.
2007	탐미문학상 대상.
2007	전국지식인 1,016명 대표, 이명박 대통령후보 지지선언.
2007	한나라당 상임특보. 대통령직 인수위 사회교육 문화분과 상임자문위원.

· 저서

1985. 9	≪中國語教本≫, 松山出版社.
1988. 4	≪淸末 譴責小說의 史實關係硏究≫, 誠信女大 出版部.
1989. 11	≪새벽을 깨는 새≫수필집, 松山出版社.
1993. 4	≪우리는 왜 노하지 않는가≫수필집, 松山出版社.
1993. 5	≪甲午農民戰爭 原因論≫, 아세아문화사.
1994. 3	≪청산하지 못한 역사≫3(공동저서), 반민족문제연구소(청년사).
1998. 6	≪중국이 보인다≫(공동 논설집), 도서출판 일빛.
1996. 6	≪중국현실주의 문학론≫(공저), 범우사.
1998. 11	≪일본은 결코 문명대국이 될 수 없다≫논설집, 東亞日報社.
2000. 2	≪中國歷代白話小說選≫ 중국어문화원.
2000. 2	≪초급중국어독본≫ 송산출판사.
2000. 4	≪짜오 차이나≫(공동 논설집), 해냄출판사

2001. 7 《기분 좋은 날》수필집. 미리내.

2001. 8 《現代中國短篇小說選 譯注》시사중국어문화원.

2002. 8 《中國歷代文言小說選 譯注》시사중국어문화원.

2005. 10 《상수리나무 숲을 지나며》수필집. 선우미디어.

2006 춘계 〈금류폭포의 비가〉소설. 탐미문학.

• **번역**

1998. 11 세와키 히사토(瀨脇壽人) 著 〈블라디보스토크 견문잡기〉, 《韓日關係史硏究》제9집, 한일관계사학회(玄音社).

2003. 8 쑹매이뚱(宋梅洞) 著 《嬌紅傳》송산출판사.

2004. 12 꿍더뽀(龔德柏) 著 《征倭論[1]》중국학연구 30.

2005. 3 꿍더뽀(龔德柏) 著 《征倭論[2]》중국학연구 31.

• **기타 학회활동**

※ 〈독립군의 혈서〉자료발굴, 《계간 민족문제연구》1995. 여름호. 1995. 7. 27.

※ 〈독립군 7백 33인 혈서발견〉, 《한겨레신문》제10,19면 1995. 8. 12.

※ 고종독살의 진상(자료발굴 및 일본·한국 국제전화인터뷰). CBS 뉴스초대석. 1995. 8. 14. 아침.

※ 〈발굴, 독립운동비사 (상)독립군 혈서〉, 《한겨레신문》1995. 8. 14.

※ 〈발굴, 독립운동비사 (상)독립군의 협박장〉, 《한겨레신문》제5면. 1995. 8. 15.

※ 〈독립군의 항일노래모음집 '최신 창가집'〉특별기고, 《계간 민족

문제연구≫1995 가을호.

※ 〈친일 1호 김인승, 묻힌 행각 드러나〉, ≪한겨레신문≫제1면 머리기사. 1996. 2. 7.

※ 친일 1호 김인승(자료발굴 해설). CBS 라디오,뉴스쟈키 오늘과 내일. 1996. 2. 22. 저녁.

※ '친일의 군상 ⑥- 친일파 일호 김인승' 일본외무성 발굴자료 제공(일본외무성의 김인승 고용계약서). ≪서울신문≫ 1998. 9. 14.

※ '1998년도 중국어문 국제학술대회' 특약토론. 중국어문연구회. 1998. 12. 12~13.

※ '한국중국소설학회 창립10주년 국제학술발표회' 특약토론. 한국중국소설학회. 1999. 12. 12.

※ 〈未來の韓日を考える場に〉 李秀賢君事故 인터뷰, ≪東京新聞≫, 2001. 3. 20.

※ 〈日 왜곡교과서 재수정요구〉(민간전문가 긴급좌담), ≪동아일보≫, 2001. 5. 9.

※ 보호학문 지원사업 전공심사 및 학술연구교수 지원사업 업적평가, 한국학술진흥재단. 2001. 8. 16.

※ 2005년도 학문분야 평가위원, 한국대학교육 협의회, 2005. 11. 7~18.

※ 한·몽 국가연합 세미나 기조연설. 동아시아 평화문제 연구소. 2007. 3. 20.

현대수필가 100인선 · 22
구양근 수필선

사자 등에 사는 벼룩

초판인쇄 | 2008년 4월 25일
초판발행 | 2008년 5월 10일

지은이 | 구 양 근
펴낸이 | 서 정 환
펴낸곳 | 좋은수필사

주 소 | 서울시 종로구 익선동 30-6
운현신화타워 빌딩 3층 305호
전 화 | 02)3675-5635, 063)275-4000
등 록 | 1984년 8월 17일 제28호
홈페이지 | http://www.shin-a.co.kr
e-mail | essay321@hanmail.net

값 7,000원

ISBN 978-89-5925-291-6 04810
ISBN 978-89-5925-247-3 (전 100권)